跟幼儿园教师学早教

蔡万刚◎编著

中国纺织出版社有限公司

内 容 提 要

每个父母都希望孩子有好的成长和发展，有璀璨的未来和人生，然而千里之行始于足下，如果不能对孩子进行良好的早期教育，就会错过帮助孩子发展诸多能力的关键时期，这显然是父母们所不愿看到的。

本书以儿童心理学作为基础，从儿童身心发展规律和节奏的角度出发进行分析，结合孩子在现实生活中的各种表现，全面分析早教的必要性和重要性，也告诉父母们如何做才是正确的早教，从而更好地引导孩子健康成长。

图书在版编目（CIP）数据

跟幼儿园教师学早教 / 蔡万刚编著，－－北京：中国纺织出版社有限公司，2020.7
ISBN 978-7-5180-7365-8

Ⅰ．①跟… Ⅱ．①蔡… Ⅲ．①早期教育—家庭教育
Ⅳ．①G781

中国版本图书馆CIP数据核字（2020）第075980号

责任编辑：王 慧　责任校对：韩雪丽　责任印制：储志伟

中国纺织出版社有限公司出版发行
地址：北京市朝阳区百子湾东里A407号楼　邮政编码：100124
销售电话：010—67004422　传真：010—87155801
http://www.c-textilep.com
中国纺织出版社天猫旗舰店
官方微博http：//weibo.com/2119887771
三河市延风印装有限公司印刷　各地新华书店经销
2020年7月第1版第1次印刷
开本：880×1230　1/32　印张：7
字数：125千字　定价：39.80元

凡购本书，如有缺页、倒页、脱页，由本社图书营销中心调换

前　言

没有一个父母不是望子成龙、望女成凤的，尤其是如今在全民教育焦虑的现状下，提前教会孩子各种知识，给孩子报名越来越多的兴趣班，把孩子每一分钟的时间都"高效"利用起来……看起来，孩子的童年变得前所未有的充实，而实际上，孩子已经彻底失去了无忧无虑的童年。这样拔苗助长的方式，对于孩子而言真的好吗？

遗憾的是，很少有父母会有这样的反思，因为他们正在忙着把自家孩子和其他孩子进行比较。如果自家孩子十分超前，他们会感到特别兴奋，也很骄傲；如果自家孩子严重落后，他们会感到非常沮丧和失落。作为父母，在未经孩子同意就把孩子进行比较之前，请先把自己和那些优秀孩子的父母进行比较，看看自己哪里做得好、哪里做得不好。相信当父母把自己和其他父母进行比较之后，就会知道比较根本是不合理的，也是毫无意义的。

在这个世界上，每个人都是独一无二的存在，不具备可比性。父母如此，孩子也如此。不知何时，有人提出了起跑线的观点，其实每个孩子的人生根本不存在共同的起跑线，这是因为他们有各自的起跑线。父母只需要知道的是自家孩子的全面

001

跟幼儿园教师学早教

情况，找准孩子的起跑线，这样才能从孩子的情况出发，对孩子因材施教。有人说，鞋子是否合脚，只有脚知道，实际上教育是否适合孩子，也只有父母和孩子才能知道。即便是从那些特别出类拔萃的孩子身上总结出来的教育经验，也未必适应我们的孩子，更不可能让我们的孩子同样获得成功。父母只有想清楚这一点，才能在教育孩子的过程中坚持正确的观点，选择合适的方式方法，为孩子的成长引路。

然而，很多职业都有上岗前的培训，唯独父母没有。偏偏父母又是世界上最难做好的职业，每一个父母必须跟上孩子成长的节奏，与时俱进不断进步，这样才能坚持当好孩子的引领者。说到这里，我们不得不提起一个新名词，那就是"成长型"父母。整个时代都在快速发展，全世界都处于日新月异的发展之中，作为父母如果总是停留在原地，不能坚持进取，引导孩子成长，则会渐渐地被孩子甩下，落后于孩子的成长。这样的状态，显然是很多父母都不曾意识到，也没有主动去面对的。没有人天生会做父母，我们要想当好父母，就要和孩子一起努力，坚持成长，为孩子打造"成长型"家庭，这样孩子也会形成积极进取的精神，主动成长，主动进步，变得越来越强大！

当然，孩子在成长过程中会遇到各种各样的问题，尤其是当处于0~6岁的成长期时，孩子各个方面的能力都在快速发展，也会经历人生中无数个第一次。作为孩子的陪伴者和引导

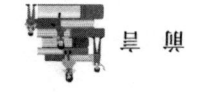

者，父母只能和孩子一起"升级打怪"，和孩子共度难关。当各种问题来袭的时候，面对无助的孩子，父母还要意识到什么时候该全力以赴帮助孩子，什么时候该对孩子放手，这样才能发展孩子各个方面的能力，培养孩子顽强、坚韧的品质。

意大利著名的教育家蒙台梭利说，儿童是成人的父。要想更好地陪伴孩子成长，对孩子开展早教，父母还要跳出"怪圈"。很多父母在不知不觉间都扮演着孩子救世主的角色，对孩子总是一副居高临下的派头，嘴上说着要尊重和平等对待孩子，给孩子充满爱与自由的成长环境，实际上总是想要指挥和控制孩子，总是在无形中压迫着孩子的生存空间。作为父母，切勿觉得自己总是高孩子一等，而是要感谢孩子以自己的纯真、赤诚，给予了父母又一次走进童真世界的机会。所以不是父母引领孩子成长，而是父母和孩子共同成长，相互学习和促进。

0~6岁，还是孩子性格形成的关键时期，在这个阶段，孩子会完成80%~90%的性格塑造，为此心理学上把这个阶段称为潮湿的水泥塑造期。可想而知，在这个阶段里，孩子性格的可塑性很大。0~6岁，孩子前3年是在家里度过的，后3年通常要上幼儿园。作为父母，要抓住这个关键时期对其进行性格塑造，也要为孩子选择合适的幼儿园，从而实现家校合作对孩子进行统一的教育。过了这个阶段，孩子在7~12岁之间，被称为凝固的水泥期。显而易见，这个时候想要对孩子进行大的塑造很难，只能对孩子进行引导，完善孩子的性格形成。经历了这两个水泥期之后，孩子进入青春期，开始了向成年的过渡，父母再想塑造孩子就会很难。由此可见，学龄前的早期教育对于孩子很重要，父母要形成早期教育的正确观念和理性态度，才能肩负起对孩子开展早期教育的重任，也才能让早期教育对孩子起到正面的作用和积极的效果。教育，何时开始都不算早，父母一定要重视早期教育，抓住教育孩子的黄金时期！

编著者

2020年1月

目　录

第01章　早教：关键能力的有效培养和激发手段 …………001

早教是什么 …………………………………………002

如何进行早教 ………………………………………004

快乐的早教就是快乐地玩儿 ………………………008

让孩子学会独自面对 ………………………………010

为孩子挑选合适的幼儿园 …………………………012

第02章　激发宝宝潜能：早教的宝宝更聪明 …………017

在共读时光里激发孩子的阅读兴趣 ………………018

培养孩子热爱学习的好习惯 ………………………020

培养孩子的求索和钻研精神 ………………………022

激发孩子思考的欲望 ………………………………025

具有成长型思维的孩子更加潜力无穷 ……………028

放下成人的偏见，保护孩子的求知欲 ……………031

第03章　早期体能培养：运动开发让宝宝苗壮成长 …………035

不会走路的婴儿，也可以散步 ……………………036

和爸爸一起奔跑 ……………………………………037

想运动总有机会 ……………………………………040

跟幼儿园教师学早教

小小的家庭足球队 ································ 042

扭扭车和三轮车都是孩子的好伙伴 ············· 044

在一年四季的景色中做喜欢的事儿 ············· 046

有院子的孩子很幸福 ······························· 048

第04章 培养科学探索精神：让宝宝拥有严谨的思维 ········ 051

算术题在生活中无处不在 ························· 052

孩子就要有寻根究底的精神 ······················ 054

春天来了，我们去植树吧 ························· 056

给昆虫们开一场聚会 ······························· 057

这个药水真的很神奇 ······························· 059

小小建筑家的梦想 ································· 061

第05章 培养自主独立性：

独立是在这个世界立身生存的第一要义 ··············· 065

让孩子独立入睡和安眠 ···························· 066

九个月的孩子可以上托儿所吗 ··················· 068

专注吃饭，才能保证营养 ························· 072

孩子应该得到需要的营养 ························· 074

吃完饭，你忘记做什么了 ························· 076

学会制作简单的早餐 ······························· 078

小小导游健步走 ································· 080

目 录

第06章　培养宝宝好性格：性格好的孩子命运自然差不了····083

自信是孩子人生的翅膀····································084

安全感让孩子远离焦虑····································087

当好妈妈，才能给予孩子安全感······················090

身体要疏远，心灵要亲近································093

孩子为何会有分离焦虑的表现··························096

第07章　培养宝宝好习惯：好习惯决定孩子的一生·········099

一口好牙齿是孩子的福气································100

孩子可以独立如厕了吗····································102

帮助孩子养成早睡早起的好习惯······················105

孩子为何总是粗心呢······································108

不要太早让孩子看视频····································110

玩具多并不好··113

第08章　沟通能力培养：明明白白和孩子说话·············117

表达清晰，才能对孩子传情达意······················118

随便夸孩子真的好吗······································120

漂亮女儿就该人人都夸····································122

给孩子爱的表达，传递更多爱意······················124

你经常对孩子说"对不起"吗·····························127

设身处地为孩子着想，才能与孩子共情···············129

跟幼儿园教师学早教

第09章 交际能力培养：别看宝宝小，同样有社交………… 133

小宝宝也会有社交 ………………………134

孩子被打了，要怎么办 …………………136

引导孩子学会分享 ………………………140

培养孩子的餐桌礼仪 ……………………142

培养孩子主动关爱他人 …………………144

引导孩子与小伙伴分工合作 ……………146

第10章 让宝宝认知规则：帮助宝宝建立秩序感 ……… 149

有规则，孩子的行为才有边界 …………150

暂停的次数多了，也就不管用了 ………152

真正明智的父母，从来不会打骂孩子 …154

贯彻规则，言行一致 ……………………156

蹲下来，看到孩子眼中的世界 …………158

家长未必要居高临下对待孩子 …………160

第11章 打造高情商宝宝：人气时代情商比智商更重要…… 163

延迟满足真的对孩子那么重要吗 ………164

孩子自控力强，才能驾驭自我 …………166

做游戏，让孩子学会自控和等待 ………168

坚持，才是通往成功的真正桥梁 ………170

突破瓶颈期，才能有更好的发展 ………172

管理好情绪，才能更强大 ………………174

情绪宜疏不宜堵 ………………………………… 176

第12章　培养孩子语言能力：一语一世界 ……… 179

胎儿可以感受双语的熏陶 …………………… 180

为孩子营造双语的环境 ……………………… 181

幽默的故事给孩子带来笑声 ………………… 184

理解能力强，语言能力就不会弱 …………… 186

让宝宝也当一天妈妈 ………………………… 188

利用生活场景激发孩子的语言能力 ………… 190

寓教于乐，让认知的效率更高 ……………… 192

第13章　培养孩子情感控制能力：

理解孩子的哭闹，为孩子建立安全感 ……… 195

孩子性格倔强怎么办 ………………………… 196

孩子之间互不相让怎么办 …………………… 198

如何引导孩子消除嫉妒情绪 ………………… 199

孩子，你到底在害怕什么 …………………… 202

认可孩子的积极行为，助力孩子养成习惯 … 204

环境变得简单，冲突随之减少 ……………… 207

孩子总是哭着求抱抱怎么办 ………………… 209

参考文献 ………………………………………… 212

第01章
早教：关键能力的有效培养和激发手段

近些年来，随着早期教育的兴起，针对不同年龄段的教育培训机构如同雨后春笋般冒出来，也让很多望子成龙、望女成凤的父母趋之若鹜。难道早教真的这么神奇，可以改变孩子的一生吗？不得不说，成功的早教的确是孩子不可或缺的，但是如果父母对于早教的认知和理解有失偏颇，则非但不会对孩子的成长起到助力作用，反而会事与愿违，起到揠苗助长的效果。作为父母，要想对孩子开展早教，就要正确认知和理解早教，也要掌握能够培养和激发孩子幼儿阶段关键能力的手段，这样才能让早教事半功倍。

早教是什么

对于早教，很多父母都不理解它的概念，也不知道早教涵盖哪些方面的内容。所谓早教，是早期教育的建成，从广义的角度而言，指的是孩子从出生开始到学龄前这个阶段的教育。从狭义的角度而言，早教也指早期学习。很多父母对于早教的认知都局限在狭义的角度，觉得早教就是提前引导孩子进行学习，或者是有意识地对孩子开展教育。从本质上而言，在整个学龄前，父母与孩子一起生活、产生互动，都属于早教的范畴。为此早教不仅仅指的是花钱送孩子去亲子机构上课，也指的是父母在日常生活的点点滴滴之中引导孩子，陪伴孩子，帮助孩子。

毋庸置疑，早教对于孩子的成长是很重要的。传统的观念认为孩子在五六岁真正懂事记事之前，和谁一起成长、接受怎样的教育都无所谓，但现在科学的育儿观念认为，孩子们在学龄前，各方面的能力都处于黄金发展阶段。父母必须抓住这段时间对孩子进行启迪，激发孩子各个方面的能力，才能让孩子的能力得以快速提升。

2~3岁，是孩子语言能力发展的关键时期，在这个阶段，孩子很擅长模仿，也会在无意识学习的状态中掌握很多的词汇，进行更好地表达。4~5.5岁，孩子对数字会非常敏感，父母如果抓住这个时期对孩子开展引导，则孩子会掌握很多数字。6岁，孩子对于大小和方位知觉会很敏感，为此这个阶段的孩子很喜欢确定方位，也最喜欢当全家人的导游。当顺利地走到想去的地方，他们会感到非常骄傲和自豪。总而言之，在0~6岁之间，孩子各方面的能力都在快速发展，父母如果能够抓住这段黄金时间对孩子展开教育和启迪，则能够大大提升孩子的智力发展水平，也为孩子未来的学习和生活奠定良好的基础。

要注意的是，父母在对孩子开展早教的时候，一定要避免狭隘的思想，不要觉得必须让孩子提前学会很多的知识和内容，早教才是成功的。俗话说，磨刀不误砍柴工，如果父母能在幼年阶段大力发展孩子的能力，即使孩子没有在学龄前掌握太多的知识，一旦进入学校开始学习，也会快速积累知识，甚至有可能后来居上。父母切勿把早教的侧重点放在向孩子灌输各种知识方面，而是要意识到孩子只有具备学习能力，形成对于学习的兴趣，同时掌握主动学习的方法，才能在学习方面事半功倍。反之，就算孩子预先学习了一些知识，却有可能随着时间的流逝而遗忘，而且因为知识难度不断增大，而在学习方面呈现出退步的姿态。

早教宜早不宜迟，刚刚出生的新生儿就可以接受合理的早教，前提在于父母要知道针对不同年领段的孩子进行早教需要注意的事项和采取的方法。日本大名鼎鼎的早教专家木村久一认为，新生儿在刚刚建立认识的时候具有强大的潜能，随着

跟幼儿园教师学早教

年龄的增长，他们的潜能呈现出下降的趋势。以这个理论作为基础，我们不难推断出：早教开始越早，效果越好；开始越晚，效果越差。很多父母担心太早开展早教会损伤孩子的智力发育，实际上这种担心完全是多余的。当父母能够正确认识早教，也能够采取正确的方式方法开展早教，则在外部有益刺激的作用下，孩子的大脑会更快速地发育和成长。

作为父母，你做好早教的准备了吗？记住，一定要符合孩子的身心发展特点和规律，一定要以孩子的兴趣作为出发点因势利导，一定要摆正心态避免急功近利，注重方式方法才能保证早教的效果。早教不是刻意为之，而是父母教育理念在日常生活中的渗透和发挥；早教不是急功近利，而是充满耐心的引导和点点滴滴的积累。早教，也可以贯穿在爱与快乐之中，作为父母给孩子的最好礼物。

如何进行早教

自从在孕期听到一个教育培训机构负责人的早教讲座之后，妈妈心心念念的都是早教，甚至认为只要孩子经历过早教，就能成长为出类拔萃者。为此，球球才刚刚满月，妈妈就想带着球球去上早教课，后来在爸爸和奶奶的极力劝阻下，妈妈终于打消了这个念头。等到球球过了百天，又学会了翻身，

第 01 章 早教：关键能力的有效培养和激发手段

妈妈再也按捺不住，赶紧给球球报名参加早教班。

从小就上早教班的球球，在3岁之后，就提前开始了课外班生涯。妈妈给球球报名参加了绘画班、跆拳道、舞蹈课、钢琴课、蒙氏数学、英语学习等，足足有八个培训班。看着同龄的孩子都在自由地玩耍，而球球却奔波在各种培训班中，爸爸感到很困惑："你把钱花出去就叫早教了吗？"在接二连三上课之后，球球明显变得有些疲惫，而且也不像平日里那么活泼和精力充沛了。爸爸咨询的教育专家忍不住批评妈妈："简直是乱弹琴，早教课不是剥夺孩子的童年，更不等同于提前学习，你们这样只会揠苗助长，反而不利于孩子的身心发展。"听到权威的专家这么说，妈妈赶紧暂停各种培训课程，但是对于如何开展早教，妈妈却感到迷惑了。

很多父母都误以为只要把钱花出去，给孩子报名各种培训班，就相当于完成了对孩子开展早教的任务，接下来的事情只需要交给老师去做就好。其实，这种观点完全是错误的。真正的早教不是提前教会孩子很多知识，也不是压缩孩子的童年，而是要给予孩子更多的关注与爱，为孩子营造自由的环境发挥天性，在观察孩子兴趣的基础上因势利导，培养和发展孩子的兴趣与特长。这样的早教才能起到效果，也才能给予孩子的成长更多的滋养。

要想正确开展早教，就要坚持几个原则。首先，要以孩子的兴趣作为出发点，对孩子正确引导，而不要总是根据父母的

005

跟幼儿园教师学早教

兴趣或者意愿强迫孩子。其次，要把早教生活化。真正的早教不在教室里，也不在各个培训机构中，而是在家里最自然的生活环境中，在父母和孩子一起到达的每一处自然的景色里。早教的手段不需要多么正规或者高大上，而是要融入生活之中，随时随地以孩子喜欢的方式、能够接受的方式进行，才能保证效果。早教的用具也未必是要专业的，有的时候，生活中随处可见的落叶、废弃的纸箱子，对于孩子而言都是玩具，也是可以进行有效早教的绝佳媒介。最后，早教要坚持教育性，也就是在看似漫不经心的相处中，注重对孩子的引导和教育，寓教于乐，也寓教于生活。

乍看起来，早教似乎很简单，实际上正是因为早教是琐碎的，也要渗透在生活中，所以反而更加难以把握。在早教的过程中，父母还要避开以下几个误区，才能保证早教在正确的道路上前进。首先，父母不要觉得早教只是父母对孩子展开的教育，实际上和孩子相比，父母是更应该接受早教教育的。唯有这样，才能正确理解早教的含义，掌握早教的方式方法，坚持早教的原则。否则父母本身对于早教就一头雾水，如何能够成为合格的早教实施者，对孩子展开早教呢？在有些家庭里，父母工作很忙，会把孩子托付给老人带养，那么就要和老人沟通早教的观念，这样才能统一教育的原则和战线，让孩子在家庭生活中从不同的照顾者中得到相同的教育理念。

其次，早教的目的不是提前学习，而是开发孩子的智力，

激发孩子对于学习的兴趣和能力，培养孩子热爱学习的好习惯。一旦本末倒置，过早地给孩子灌输知识，让孩子倍感压力，则孩子就会产生厌学情绪，这是得不偿失的。

最后，选择正确的教育内容，坚持正确的教育方式。如今，很多父母因为生活压力大，在职场上不得不承受激烈的竞争，因此对于孩子的未来表现出过度忧虑的状态，情不自禁就会陷入教育焦虑之中无法自拔。其实，教育是漫长的过程，是需要父母在很长时间里都坚持对孩子进行启迪、引导和帮助，才能对孩子有所助力的。父母必须端正教育观念，认识到早教培养的是孩子的学习兴趣、学习能力和对学习的热爱，不要总是过于着急地向孩子灌输知识，也不要总是采取各种强制的手段逼迫孩子。爱和自由，是每一个孩子都渴望从父母那里得到的生命礼物，也许孩子不能明确地表达自己想要得到父母怎样的对待，但是父母作为孩子幼年时期亲子教育的主导者，一定要知道自己应该给予孩子怎样的对待，才能助力孩子成长。

每一个爸爸妈妈都希望孩子德智体美劳全面发展，那么就一定要坚持正确的教育观点和原则，不要总是对孩子的教育急功近利，更不要在孩子没有达到自己的预期时，就对孩子各种指责和否定。教育更大的问题是父母的问题，而不是孩子的问题，这是每一个父母都要认清楚的现实。对于孩子而言，最好的早教老师不是教育培训机构里只会照本宣科，甚至自己都没有带养孩子经验的年轻老师，而是最了解孩子、最关注和关爱孩子的父母。父母要承担起对孩子开展早教的责任和使命，为了孩子快乐成长而付出更多的时间去陪伴孩子，付出更多的精力去观察孩子，付出更多的关爱去滋养孩子。

快乐的早教就是快乐地玩儿

麒麟很喜欢玩，每天幼儿园放学，他总是不愿意回家，第一时间就要赶到小区广场上，和小伙伴们一起玩到天黑才回家。对于麒麟的表现，爸爸很担忧："麒麟已经上幼儿园中班了，怎么也没有作业呢？难道在学校里，老师从来不教孩子们知识吗？"为了解开心中的困惑，爸爸还专门询问了老师。老师和爸爸解释："孩子才5岁，处于学龄前阶段，主要的学习方式就是在玩中学习，发展心智，而不是侧重于学会写多少字，会不会算术。"即便得到了解释，每当看到身边其他孩子总是会背诵很多古诗，计算简单的算术题，爸爸依然感到着急。

爸爸坚持给麒麟报名参加了好几个兴趣班，让麒麟学习英语，练习算术，学会认字。原本快乐的麒麟变得沉默，性格也从外向转化为内向。妈妈很心疼麒麟，当即叫停兴趣班，让麒麟恢复之前无忧无虑的生活。果然，那个快乐的、阳光的麒麟回来了，又变成了家里的开心果。妈妈告诉爸爸："你想让孩

第 01 章　早教：关键能力的有效培养和激发手段

子成长和学习，就要寓教于乐，以孩子喜欢的方式教会孩子东西。否则孩子一旦厌学，将来进入小学更麻烦。"如何寓教于乐，这个问题落在爸爸身上，为了麒麟的成长，爸爸只好认真钻研。通过学习，爸爸掌握了很多和孩子游戏的方式，也对于寓教于乐和早教有了更深刻的理解。

对于学龄前孩子而言，性格教育的重视程度，应该远远超过对于知识教育的重视程度，这是因为孩子还在学龄前处于性格塑型期。为此父母的早教应该更加注重对孩子的引导，帮助孩子形成更好的性格。好性格是孩子成长的基础，为孩子的一生奠定根基。孩子只有心理健康，性格健全，将来才能成才。反之，如果孩子的性格是扭曲的，心理上有各种问题，就算学会很多的知识，也只是一个无用的残次品而已，还有可能给社会和他人带来危害。这就像一棵树苗，从根上就已经歪了，怎么还能成为参天大树呢？

趁着孩子还没有到达学龄阶段，没有繁重的学习任务需要承担，明智的父母会在这个阶段更多地陪伴孩子，告诉孩子很多的道理，引导孩子的性格朝着开明、阳光的方向去发展。当孩子具备扎实的根基，哪怕在成长过程中遇到很多困难和障碍，也可以以优秀的品质坚持战胜困难，度过困境。

当然，对孩子开展性格教育，要先为孩子提供有利的环境。如今很多家庭都只有一个孩子，孩子们独自成长很寂寞，也因为很少与同龄人接触导致社交能力发展相对滞后。在这种

跟幼儿园教师学早教

情况下，父母可以陪伴孩子玩，更要带着孩子一起和同龄人玩耍。例如，去到小区的广场里和很多孩子一起玩，或者去儿童游乐场，让孩子接触同龄人。尤其需要注意的是，父母就算再细心陪伴孩子，也不可能取代同龄人对于孩子的陪伴。作为父母，要给孩子更多的机会和同龄人一起玩耍和相处，也要引导孩子学会和同龄人相处，解决各种矛盾。

很多父母担心孩子玩得太高兴会得意忘形，而完全遗忘学习。这样的担心是没有必要的，因为对于年幼的孩子而言，早教的本质就是快乐地玩。孩子玩得高兴，说明他们全身心投入到游戏的过程中，不但体能得以增强，认知能力得以发展，而且智力水平也会水涨船高。当然，这样高质量的玩是要以父母高质量的陪伴作为前提的。父母切勿觉得只要给孩子买大量的益智玩具，就是对孩子负责的态度，只有真正全身心投入对孩子的陪伴之中，这样才能始终坚持引导孩子，给予孩子有效的引导和帮助，实现事半功倍的早教。

让孩子学会独自面对

嘟嘟在出生的时候因为难产缺氧，住了很长时间的保温箱，比起同龄的孩子各方面的能力发展都相对滞后。不过在妈妈的用心照顾和教育下，嘟嘟在两岁前后智力水平就已经到达

010

第 01 章 早教：关键能力的有效培养和激发手段

了正常。这次，嘟嘟参加幼儿园的面试，妈妈和嘟嘟一起做了很多准备。到了会场，看到面试和自己预想的有些不同，嘟嘟明显感觉紧张，还带着不确定的眼神看了看妈妈。妈妈很清楚嘟嘟感到紧张，也知道如何给予嘟嘟提示，但是妈妈只是给了嘟嘟一个信任的眼神，暗示嘟嘟正常发挥。结果，嘟嘟的表现不能让主考老师满意，被拒绝的嘟嘟很挫败，一路哭着回到家。

爸爸知道情况后，忍不住责怪妈妈："你只要给她小小的暗示，她就能通过面试，你为什么要故意让她遭遇这次失败？"妈妈回答："因为我不能陪她一辈子，不能始终都暗示她。她必须学会独自面对，必须能够坚强地面对失败，也从失败的沮丧、低落中振奋精神，站起来。"爸爸觉得妈妈说得有道理，但是还很迟疑："对于两岁半的孩子而言，是不是太早了，而且她曾经走过那么艰难和努力的两年。"妈妈摇摇头，说："不早，只有这样，她才能更快独立，更快坚强。"

独立，这是每个父母都要教给孩子的必修课。遗憾的是，现在有太多的父母习惯了对孩子全盘包办，也习惯了凡事都为孩子代劳，而根本没有意识到教会孩子独立，对于孩子的成长和人生有多么重要。

及时对孩子放手，是每一个父母都要建立的早教观念，也是每一个父母都要积极对孩子开展的早教，否则只会导致孩子各方面的能力发展滞后，也会使得孩子在成长过程中遭遇更多的困境和障碍。也许有人说，嘟嘟只是有些紧张和怯场，的确如此，但是紧张和怯场也是孩子需要面对的难关，父母不能代替孩子去解决这个难题。孩子只有亲自战胜内心的紧张焦虑和怯懦的情绪，才能让自己变得更加勇敢，坦然地迎接一次又一次挑战。

父母对孩子真正的爱，不是让孩子生长在温室里，而是要有效地激励孩子，让孩子哪怕没有父母的帮助和扶持，也能够颤颤巍巍走出关键的一步，也能够鼓起内心的勇气和力量，坚持做到更好。父母送了孩子一程又一程，不是要剥夺孩子独立的能力，而是要给予孩子更好的起点和更强的能力，铸就孩子精彩辉煌、与众不同的人生。

为孩子挑选合适的幼儿园

孩子的早期教育在3岁之前是在家里完成的，而3岁之后则是在幼儿园里完成的。对于父母而言，承担起孩子的早教义务责无旁贷，与此同时，为孩子挑选合适的幼儿园更是分内之事。这是因为孩子会在幼儿园里度过一段漫长的成长时光，这一阶段对于孩子的整体教育将会起到重要的作用。

很多父母都没有意识到幼儿园需要挑选，他们往往是就近原则，通常考虑幼儿园的硬件设施、性价比等外部的因素，而

第 01 章 早教：关键能力的有效培养和激发手段

很少会考察幼儿园的办园理念、教育原则等深层次的条件和因素。实际上，办园理念、教育原则是我们在为孩子挑选幼儿园时更应该着重考察的因素。当这些因素和家庭的教育观念相吻合，孩子会更快更好地适应幼儿园里的生活。否则，孩子就会感到迷惘和困惑，尤其是在老师的很多做法和观点与父母相违背或者有冲突的情况下，孩子更加无所适从。

如今，随着早教理念的普及，基本上每个父母都会选择让孩子接受幼儿园的教育作为家庭教育的提升，也作为学龄教育的准备和铺垫。这样的选择是明智的，幼儿园教育会帮助孩子更好地适应学龄教育，也会让孩子形成良好的生活习惯和作息规律，更会拓宽孩子的眼界，开阔孩子的视野，让孩子在集体生活中与更多的同龄人相处，增强孩子的社交能力。然而，这一切都是在一所适合孩子的幼儿园里才能保证实现的，如果孩子和幼儿园的办学理念格格不入，则会感到非常焦虑紧张，甚至会产生心理疾病。

那么，父母在为孩子挑选幼儿园的时候，要注重考查哪些方面呢？最贵的未必是最好的，就像是风靡一时的巴学园，有的家长推崇，有的家长反对。为此在为孩子挑选幼儿园时，父母不要一味地盯着热门的幼儿园或者昂贵的幼儿园，而是要深入了解幼儿园，才能做出正确选择。一所幼儿园要符合"好"的标准，就要符合以下几点要求。

首先，幼儿园里不以教授孩子知识为主，而是以让孩子

013

跟幼儿园教师学早教

"玩耍"，寓教于乐为主。当然，这样的幼儿园适合那些能正确理解早教观念的父母，而不适合把早教等同于学习的父母。

其次，幼儿园里只教简单的认字和读数活动。看到这里，很多父母会感到困惑，第一条还说要以玩耍为主要的教学任务，要寓教于乐，而不要盲目教授知识，这里又说要学习知识，这是自相矛盾了啊。其实不然，好的幼儿园会做到寓教于乐，以玩耍为主，以学习为辅，而且所学习的简单内容是与孩子们的心智发展水平相符的，这样才能促进孩子学习和成长。

再次，幼儿园里的老师对孩子是否友爱。很多父母都希望孩子在幼儿园里能得到老师无微不至的照顾，这显然是不可能的，因为幼儿园里孩子很多，老师不可能面面俱到对每个孩子都事无巨细。换个角度来看，如果老师也像是父母一样去照顾孩子，就不利于发展孩子的独立能力了。老师的主要作用是要循序渐进引导孩子学会独立，这是孩子在学前阶段需要发展的重要能力之一。此外，老师要发自心底热爱教师工作，能够尊重孩子，倾听孩子，也愿意平等对待孩子。这些乍听起来似乎无从观察，实际上从很小的细节就能初见端倪，例如，老师是否会正面回应和她打招呼的孩子，是否愿意蹲下来听孩子说话，是否有耐心听慢慢吞吞的孩子把话说完。

最后，孩子是否喜欢这所幼儿园。很多父母在挑选幼儿园的时候，会把孩子的意见给忽略掉。实际上，父母更应该关注孩子的喜好，因为这关系到孩子未来在幼儿园里度过的每一天

是否快乐。当然，孩子不会像父母一样综合衡量幼儿园各个方面的情况，为此父母只是参考孩子的意见就好，无须完全听从孩子的。

选择一所合适的幼儿园，让孩子在幼儿园里度过三年的美好童年，这将会是孩子一生之中都很难忘的回忆。作为父母，每天看着孩子高高兴兴上学去，平平安安回家来，也是会很欣慰的。所以一定不要在挑选幼儿园的事情上偷懒或者试图省事，只有做好这份工作，父母才能和孩子一起共度幼儿园阶段的好时光。

第02章
激发宝宝潜能：早教的宝宝更聪明

对孩子开展早教，可以有效地激发孩子的潜能，挖掘孩子的潜力，开发孩子的智力。作为父母，除了要满足孩子衣食住行等基本的需求之外，更要注重对孩子情感的满足、精神的支撑和内心的充实。父母注重对孩子的早教，也许短时间内看不出作用，但是长久来看，对于孩子的发展成长是影响深远的。

跟幼儿园教师学早教

在共读时光里激发孩子的阅读兴趣

相比起哥哥，甜甜对于阅读的兴趣显然发展更晚一些，哥哥从5岁就开始独立阅读，而甜甜如今也已经5岁了，但是对于阅读还没有表现出明显的兴趣。妈妈对此并不着急，因为她在甜甜3岁时，就开启了亲子阅读的时光。虽然甜甜在阅读的过程中总是跑来跑去，也不能做到完全专心致志，但是妈妈始终努力地把甜甜的关注力集中在亲子阅读方面。有的时候，甜甜看到喜欢阅读的书，也会持续专注地阅读，妈妈就感到很欣慰。

果然，在妈妈的坚持下，甜甜渐渐地表现出对于阅读的兴趣。妈妈没有强制规定甜甜要阅读什么，而是把亲子阅读的形式从和甜甜一起阅读，转为陪伴甜甜阅读。也就是说，妈妈不再帮助甜甜阅读，而是在阅读的时间里，和甜甜各自捧着喜欢看的书，感受阅读的魅力。

亲子阅读的效果是缓慢且渗透的，这使很多父母觉得亲子阅读不那么重要，因为效果并非立竿见影。实际上对于孩子的成长而言，亲子阅读很重要。当父母坚持对孩子开展亲子阅读，渐渐地，孩子就会热爱阅读，也会形成阅读的好习惯。当然，对于父母而言，坚持和孩子共享亲子阅读的时光，这需要毅力和耐心。毕竟亲子阅读需要花费很长的时间，也需要极大

第 02 章 激发宝宝潜能：早教的宝宝更聪明

的耐心引导和帮助孩子。然而，所有的努力终将花开，作为父母，对于孩子要能够放下急切的心，遵循孩子成长的节奏，陪伴着孩子一起健康快乐地成长。

在一个家庭里，父母的言传身教对孩子的影响作用很大，父母只有坚持始终对孩子付出，孩子才能在父母的助力下，更加自由快乐地成长。有些父母会发现孩子对于阅读并没有那么多兴趣，其实这是正常的，因为孩子越是年纪小，就越是无法从阅读中感受到乐趣，因而父母要循序渐进引导孩子，也要坚持培养孩子的阅读兴趣。唯有如此，孩子才会认识到阅读是生活的一部分，也才会真正做到坚持阅读。

当孩子能够坚持阅读，就会进入阅读的良性循环之中，感受到阅读给自己带来的兴趣，也会更加用心投入阅读。这样一来，父母坚持陪伴孩子亲子阅读的好处更加显现出来。当然，在亲子阅读的过程中，很多妈妈会过多地干涉孩子，根据自己的喜好选择书籍。其实，兴趣是最好的老师，当父母发现孩子的兴趣所在时，就应该更多地尊重孩子的兴趣，这样才会起到更好的阅读效果。有些孩子会喜欢反复地听一个故事，其实这是孩子们在学习和深化的过程，父母要努力配合孩子，而不要强迫纠正孩子。

不管是哪一种形式的亲子阅读，都要以孩子为本，这样才能激励孩子更加爱上阅读，也才能让孩子真正感受阅读的魅力。在坚持的基础上，父母和孩子对于亲子阅读都会产生浓厚

019

跟幼儿园教师学早教

的兴趣，也会更加深入地领略阅读的魅力。从现在开始，父母就要放下电子产品，陪伴孩子走入阅读的宫殿，也更加努力深入地奠定孩子阅读的基础。

需要注意的是，年幼的孩子专注力保持的时间很短，也未必能长久地保持阅读的兴趣，为此父母在和孩子阅读的时候，不要对于孩子提出过高的要求，否则孩子就会因为无法到达父母的要求而产生挫败感，也会对于阅读产生抵触心理。正确的做法是，要允许孩子以各种形式和姿态进行阅读。如孩子可以每次只阅读少量的内容，也可以趴着阅读或者跪着阅读，还可以跳着阅读，找自己喜欢的内容先读。这些丰富多彩的阅读方式和阅读姿势，都是孩子的特权，因为孩子不必保持正襟危坐。如果条件允许，父母还可以发掘更多丰富多彩的形式和孩子一起阅读，这对于培养孩子的阅读兴趣将会事半功倍。

培养孩子热爱学习的好习惯

小宝三岁，妈妈就开始迫不及待教小宝认字。妈妈每天都教小宝好几个字，还强迫小宝必须记住，这对于一心只想着玩的小宝而言，简直是一种负担。即便有妈妈每天认真督促，小宝非但没有对于认字更加认真，反而特别抵触。妈妈见此情形，开展了更强烈的攻势，把家里的墙壁、门窗等地方都贴上

了认字卡。结果，小宝不但没有在认字上有长进，反而拒绝配合妈妈认字，一看到认字卡就会排斥和抵触，坚决不愿意配合妈妈。

对于孩子的学习，很多感受到生活压力的父母总是会犯一个错误，那就是急功近利，恨不得马上就能督促孩子成功地认字，这么做的直接后果就是导致孩子产生逆反心理，也会对学习变得厌倦。这样的事与愿违，是父母不愿意看到的，但是父母却没有意识到问题产生的根本原因，而是对孩子更加逼迫。

对孩子开展早教，最根本的目的不是让孩子掌握更多的知识和技能，也不是强逼着孩子必须学习，而是对孩子进行有效的引导，激发孩子对于学习的兴趣，也让孩子保持对于学习的爱好。所谓授人以鱼不如授人以渔，如果父母涸泽而渔，看似在短时间内逼着孩子学会了少量的知识，而实际上却会透支孩子对于学习的兴趣。孩子一旦厌恶学习，将来就很难再提起兴趣，这当然是最糟糕的。

孩子早一些认字或者晚一些认字，真的很重要吗？事实告诉我们，每个孩子都是独立的生命个体，他们的智力发育有早有晚。父母针对孩子展开的教育，必须尊重孩子的成长节奏，从孩子的个体情况出发，有的放矢地对孩子进行早期的教育和引导。

遗憾的是，如今很多父母都误解了早教的作用和含义，觉得对孩子开展早教，就是提前让孩子进入学习的状态，显而易

跟幼儿园教师学早教

见，这样的理解有违早教的初衷。当父母盲目地提前孩子学习的时间，在孩子的智力水平还跟不上的情况下强迫孩子学习，则只会导致孩子在成长中面临困惑，非但不利于孩子身心健康，而且还会伤害孩子的智力发育。明智的父母会坚持对孩子进行正确的教育，为孩子提供很多的机会接触书籍，也引导孩子阅读，还会在潜移默化中教会孩子书的概念，但是绝不会强制孩子必须学会什么。对于幼儿来说，学习更好的状态是在玩中学，是寓教于乐，而不是总是被强迫学习，更不是提前透支学习的能力，也不是被压缩童年无忧无虑的快乐时光。

培养孩子的求索和钻研精神

乐乐从小就表现出对于百科知识的强烈兴趣，他最喜欢看的就是科学书籍，而且在阅读科学书籍的过程中，记住了很多科学的名词和概念。妈妈的一个朋友来家里做客，看到小小年纪的乐乐知识面这么广，而且对于科学的名词和概念记忆很牢固，不由得感到惊讶："乐乐有成为科学家的潜质啊，要好好培养。"妈妈对此不以为然："他还这么小，哪里能看出将来适合从事什么职业呢！说不定只是比较喜欢看科学知识而已！"

朋友听到妈妈的话，给妈妈上了一堂课："孩子的科学素

养和钻研精神，真是要从小培养的。孩子在很小的时候就会表现出科学的潜质，和对某些方面知识的兴趣，作为父母要敏感地捕捉孩子的兴趣点，这样才能引导孩子，也才能在培养孩子的过程中找准孩子的兴趣点，从而集中力量激发孩子的潜能，让孩子的成长事半功倍。有些孩子在成长过程中根本不会表现出特别的兴趣，那么父母在教育孩子的时候就会很迷惘，不知道孩子擅长哪些方面，也不知道孩子对于哪些方面感兴趣，因此对孩子的引导就缺乏明确的方向，也不能保证事半功倍。"

朋友的一番话让妈妈茅塞顿开。妈妈说："的确，有方向总比没方向更好。有的时候，我会引导孩子看文学书籍，接受文学经典的熏陶，他不乐意，看来是我有些强人所难了。我以后要多多支持乐乐看科学书籍，支持他对科学的兴趣。"

很多父母在对孩子开展早教的时候，更注重教会孩了认字，教会孩子算术，也教会孩子学习简单的英语单词。这么做貌似没有错，但是如果只顾着这么做，而忽略了对于孩子学习兴趣和学习能力的培养，则就是本末倒置的行为。

作为父母，在教育孩子方面一定要避免短视的行为，要知道学海无涯，孩子在一生之中有很多的东西都需要去学习，但是父母却不能总是手把手地教孩子。唯有激发起孩子对于学习的兴趣，让孩子的学习能力得到增强，将来孩子才能保持终生学习的好习惯，始终在知识的海洋里畅游。

父母尤其要注重对于孩子科学素养的培养，让孩子形成在

跟幼儿园教师学早教

科学领域中坚持探索和钻研的精神。对于孩子而言，有些知识的学习能早勿迟，而有些知识的学习则不需要超前。除了知识之外，对孩子学习精神的培养则应该从孩子小时候开始，坚持循序渐进。这些事情并不需要父母刻意去做，而是要贯穿在教养孩子的整个过程中。例如，带着孩子去公园里玩耍的时候，看到鲜艳的花朵，父母可以问孩子："这朵花是什么颜色的？那朵花是什么颜色的？"在这样询问的过程中，孩子会渐渐地意识到每朵花的颜色都是不同的，因而心中产生疑惑：每朵花的颜色为何都是不一样的呢？还可以引导孩子去闻一闻花的香味，比较不同的花朵的香味。在这样的过程中，孩子对于大自然会更加了解，也会对于各种现象产生浓厚的兴趣，而且还可以发展孩子的观察力。

培养孩子的科学素养，帮助孩子形成科学的思维方式，让孩子有敏锐的观察力，对于孩子而言是很重要的。当孩子形成这样的习惯，未来他们在面对生活的时候，就会更加深入细致，也会更加敏感和理性。当然，孩子受到身心发展和智力水平的限制，未必会主动想到很多关于科学的问题。在这个时候，父母可以对孩子展开引导，帮助孩子让思维更加灵活和深入。可以采取疑问的方式引导孩子的思维，也可以采取推测的方式和孩子展开讨论，还可以让孩子天马行空地去想象，总而言之，不管采取哪种方式，只要能够激发孩子的思维，就是卓有成效的引导和教育方式。

024

第02章　激发宝宝潜能：早教的宝宝更聪明

激发孩子思考的欲望

可乐从小由保姆带大，虽然被保姆喂养得白白胖胖，却因为和爸爸妈妈接触的时间很少，所以思考能力比较弱，表现出一副憨厚老实的样子。后来，妈妈在带着可乐参加亲子课程时，发现大多数孩子都很活泼，积极主动地向着老师提问，只有可乐呆呆坐着，也不知道对于老师的话听懂没有。妈妈突然间意识到：可乐思考的能力很差，不能有效地思考和提问。当然，妈妈也知道这是因为可乐由保姆带大，很少得到启迪的原因。

后来，妈妈调整了工作，每天都提前两个小时下班回家陪伴可乐。她带着可乐去小区广场上玩，让可乐接触到更多的人，经历更多的事情，也常常会以提问的方式来激发可乐的思维，引导可乐进行思考。例如，带着可乐去超市，妈妈会问可乐想吃什么，为什么想吃。带着可乐去广场，妈妈会问可乐想玩什么，想和谁一起玩。从这些生活中点点滴滴的小事情开始，妈妈一直都在征询可乐的意见，以各种方式激发可乐的思维，渐渐地，可乐越来越有主见，不再总是顺从保姆和妈妈的安排。

一天傍晚，妈妈下班回到家里，保姆笑着向妈妈告状："这个孩子越来越难带了，我说晚上吃面条，她反问为什么要吃面条。还说她中午在学校已经吃过面条，所以不想吃面

025

条了。我只好给她做了稀饭。"妈妈听到保姆的话，感到很高兴，当即又问可乐："可乐，你今天晚上为什么不想吃面条？"可乐想了想，说出了一大串理由，妈妈高兴极了。

如果父母的教育只会导致孩子唯唯诺诺，则这样的教育就是失败的。真正成功的教育不但能够向孩子灌输各种知识，而且能够培养孩子具备学习的精神，养成主动学习的好习惯。这样的教育也许前期进展会很慢，需要父母付出大量的时间和精力，但是一旦孩子形成积极的学习意识，则未来在学习方面就能事半功倍，效率倍增。

激发孩子思考的能力，需要父母具备正确的教育观点，形成正确的教育认知。这是因为对孩子思考力的激发要渗透在生活的方方面面、点点滴滴，如果父母意识不足，就很难做到。由此可见，转念父母的教育观念是关键。常言道，处处留心皆学问，实际上对于父母来说，只要意识到位，就可以抓住生活中的很多机会对孩子进行引导。

诸如，天上打雷下雨，父母可以问问孩子雷电是如何产生的，天空中出现彩虹，父母可以问问孩子彩虹形成的原理。当然，针对孩子所处的年龄段，父母在对孩子提问的时候，要进行斟酌和筛选，这样才能符合孩子的身心发展阶段和知识层面，有效引导孩子思考。为了给孩子进行演示，父母在针对一些问题进行思考的时候，还可以展示给孩子。这样的思维展示过程，正是在以身示范，告诉孩子如何做才能整理清楚思绪，

第 02 章　激发宝宝潜能：早教的宝宝更聪明

让思维更加有序发展和进行。

看起来，这些事情都是很容易做到的，但是孩子的成长是漫长的过程，需要父母循序渐进、持之以恒地去坚持。如果父母只是三天打鱼两天晒网，偶尔想起来才会引导孩子，则教育就会时断时续，根本不可能起到良好的作用。父母要知道，教育孩子不是狂风骤雨，而是和风细雨，要润物细无声，才能滋润孩子的心田，给予孩子充满爱和自由的成长环境。

通常来说，父母启迪孩子思考主要是以提问的方式进行，那么就要注意提问的方式。从修辞手法的角度来说，提问有两种方式，一种是封闭式提问，另一种是开放式提问。封闭式提问中，提问者往往已经给出了问题的答案选项，当父母以这样的方式提问时，孩子的思维会受到局限。要想更好地启迪孩子的思路，父母要更多地采取开放式提问的方式，以疑问句引导孩子思考问题的答案，这样孩子的思维才会无拘无束，天马行空。对于那些比较难以回答的问题，在提问的过程中，为了避免孩子被难住，父母可以给予孩子一些提示。当孩子经过思考回答问题之后，父母不管孩子回答得是正确还是错误，都不要急于批评和否定孩子，而是要询问孩子是如何想出答案的，从而引导孩子边思考边还原思考的经过，这同时也是对此前思考过程的梳理，是很重要的。对于孩子而言，如果能够从小就养成勤学善思的好习惯，则他们在成长的过程中就会更多地透过事物的表象，探求和揭示事物的本质，也可以在思考的过程中

027

发扬质疑求证的科学精神，可谓受益匪浅。

作为父母，切勿对孩子的成长急功近利，而是要始终坚持发展孩子的天性，尊重孩子的成长规律，这样才能给孩子营造自由的成长环境，也激发孩子思考的能力和欲望，对于孩子的成长起到更加长远的影响力和作用力。很多时候，孩子看似在玩，实际上是在学习和进步；很多时候，孩子看似在学习，实际上却是在神游物外，对于周围的一切浑然不知。前者寓教于乐，后者虽然把孩子捆绑在书桌前，却不能保证孩子学习的效果。相信明智的父母都会选择前者，也都希望孩子的童年是充满爱和自由的美好时光。

具有成长型思维的孩子更加潜力无穷

什么是成长型思维模式呢？很多父母都未曾听说过这个概念，对此表现出全然陌生的状态。所谓成长型思维，是由斯坦福大学的著名教授卡罗尔·德威克提出的理论，与固定型思维模式相对。用通俗的话来说，具有固定型思维模式的人对于自己的评价过低，总觉得自己的能力和水平都是有限的，很难突发发展，所以在面对很多难题或者困境的时候，一旦尝试遭遇失败，他们就很难再次鼓起勇气去尝试。相比之下，具有成长型思维模式的人认为自己的能力和水平虽然眼下处于稳定的水平，但是只要自己坚持不懈地努力，突破和超越自己，就会打破自身的局限和禁锢，让自己获得全新的发展和成就。简而言之，具有成长型思维模式的人觉得自己的潜能是无穷的，也更愿意发挥一切的潜力去创造无限的可能性。他们更加自信，相信自己的力量，也相信自己可以创造奇迹。

显而易见，具有成长型思维模式的孩子具有无穷的潜力，他们自信勇敢，敢于打破常规，也非常努力，很想通过自身的拼搏来给予生命绚烂的色彩和美好的未来。他们相信办法总比困难多，也相信自己不会始终都在人生低谷中徘徊。看到这里，相信很多的父母都希望孩子具有成长型思维模式，而不愿意孩子被现实禁锢住，更不愿意孩子迷失在生命的某个转弯处，无法突破。

那么，如何培养成长型思维的孩子呢？孩子并非天生就充满自信，认为自己无所不能，而是要在后天成长的过程中逐渐认识到自己的潜能，亲自验证自己的能力，才能在人生的道路上有更加快速的成长和发展。

首先，父母要对孩子开展挫折教育，要告诉孩子人生不可能一帆风顺，而是会遭遇各种各样的困境，从而让孩子认识到生命的真谛，也见识到人生本来的面目。真正强大的孩子不是每次都能出类拔萃，获得成功，而是能够在遭遇失败的时候，反思自己的能力，证明自己的水平，也经过不断地思考来反思自己，让自己做得更好。尤其需要注重对孩子的挫折能力培养，否则孩子始终泡在蜜糖里成长，就无法承受苦涩和磨难，内心也必然脆弱得不堪一击。

其次，如今提倡赏识教育，很多父母在不知不觉间把赏识教育发挥到极致，总是不分青红皂白就表扬孩子。殊不知，泛滥的表扬对于孩子而言并不能起到积极的推动作用，反而会让孩子被夸赞得晕头转向，甚至妄自尊大。有些父母在表扬孩子的时候就像是在完成任务，带着敷衍了事的态度和漫不经心的神情，每次都夸赞孩子"很棒""很优秀"，孩子对于这些夸赞渐渐地就会无感，甚至生出反感。正确的夸赞要符合以下几点，即夸赞孩子具体的行为，夸赞孩子不为人知的优点，夸赞孩子可以提升的方面，夸赞孩子的话必须具体详实。

最后，父母要为孩子创造具有成长型氛围的家庭环境。在一个家庭里，父母对于孩子的影响是很大的。如果父母本身就是容易放弃的人，则无形中就会影响孩子，使得孩子在做很多事情的时候畏难情绪很重，一旦遇到难题，就会马上想要放弃。反之，如果父母本身就具有顽强的意志力和坚韧不拔的精神，哪怕遇到重重困难也决不放弃，则孩子受到父母耳濡目染的影响，也会形成坚强的品质，不管遭遇多少困境都始终坚持不懈，不遗余力。在一次又一次战胜困难获得成功的过程中，孩子会形成自信；在一次又一次遭遇失败，跌倒了又站起来的过程中，孩子的内心会变得更加强大。记住，罗马不是一天建成的，胖子也不是一口吃成的，孩子的成长是漫长的过程，作

第 02 章　激发宝宝潜能：早教的宝宝更聪明

为父母，一定要有足够的耐心引导和对待孩子，才能激发孩子内心的力量，让孩子变得真正强大。

家庭是孩子生活的沃土，尤其是对于年幼的孩子而言，家庭更是他们赖以生存的整个世界。作为父母，更是孩子的第一任老师，不但承担着照顾孩子的重任，也承担着陪伴孩子成长的责任，越是如此，父母越是要当好孩子的领路人，坚持灌输给孩子正确的思想和意识，培养孩子积极向上的人生观念和态度。在未来的人生道路上，孩子还会遇到很多未知的情况，也会拥有不可知的未来，父母不可能始终陪伴在孩子身边。要想让孩子具备独立走好人生之路的能力，父母就要从孩子小时候用心地引导，耐心地帮助孩子，全心地教育孩子。

放下成人的偏见，保护孩子的求知欲

在家里，说话最多的不是操心劳神的妈妈，而是才5岁的佩佩。妈妈崩溃地发现，5岁一过，原本可爱乖巧的佩佩简直变成了十万个为什么的代言人，不管是在家里还是在外面，亦或者是在旅行的途中，佩佩总是不停地在提问："妈妈，这是什么？""爸爸，电线杆有什么作用？""妈妈，草坪为什么一年四季都是绿色的？""爸爸，到了秋天，树叶为什么会落下来？""雪花是从哪里飘来的？""地球为什么是圆

031

的？"……

佩佩不但对那些常见的事物提出疑问，有的时候小脑袋瓜子里不知道想什么，常常会想一出是一出，想出各种千奇百怪的问题来，把爸爸妈妈通通难住。面对佩佩的提问，妈妈一旦被问得瞠目结舌，就会很不耐烦，甚至还会随口敷衍佩佩。例如，佩佩问妈妈："蝴蝶是怎么变出来的？""毛毛虫。"妈妈不假思索地回答。佩佩又问："毛毛虫为何会变成蝴蝶？"妈妈说："毛毛虫老了，就会变成蝴蝶。"佩佩又问："那么我老了呢？"妈妈说："变成老太太。"佩佩很困惑："妈妈，你也会变成老太太吗？为什么要变成老太太？"妈妈无语……

其实，这是一个很好的机会，可以引导孩子，对孩子开展生命教育。但是，妈妈显然有些不耐烦，对于佩佩的提问也采取漫不经心的态度，敷衍了事。到了最后，妈妈索性沉默，不愿意继续回答佩佩的问题。当父母对于孩子的提问采取这样的态度，很容易打击孩子思考的积极性和主动性，也会让孩子的思考力呈现下降的趋势。

明智的父母不会为孩子的提问而感到厌烦，而是会很高兴孩子勤于思考。这是因为如果孩子总是不愿意开动脑筋思考，则根本不可能提出有深度的问题。也可以说，孩子的一切提问都是思考的结果。作为父母，看到孩子频繁地提问应该欣慰，这正意味着孩子的小脑袋瓜子始终都在快速运转，也会越用越灵光。

为了保护孩子的求知欲，父母要慎重对待孩子的提问。对于能够正确回答的问题，要耐心回答。对于无法回答的问题，父母则要与孩子一起进行思考、探讨和讨论，也可以引导孩子查阅相关的资料，寻找答案。

作为成人，内心的柔软和敏感，往往在岁月的流逝下，就像鹅卵石常年在河底被水流冲刷一样变得圆润光滑。然而，孩子的心还是棱角分明的，如同他们的眼神一样清澈见底。作为父母，一定要保护好孩子的求知欲和对世界的敏感度，避免孩子过早地对于周遭的一切习以为常。当然，父母也可以始终怀有赤子之心，与孩子一起探索世界，追寻生命的意义，这对于孩子的一生而言必然意义非凡。从现在开始，请珍惜孩子的每一个提问，因为每一个问号背后都是孩子在努力思考的姿态和对未知的渴望与追求

第 03 章

早期体能培养：运动开发让宝宝茁壮成长

　　襁褓时期的婴儿，总是吃了睡，睡了吃，尤其是在刚出生的那一个月里，每天的大多数时间都在睡觉，就像是一个小猪仔那样。然而，孩子的成长速度是很快的，几乎每天都在变成新的样子。随着月龄的增长，孩子的体能和智力都在发育，在适当的时候，父母就可以对孩子进行早期体能培养，这有助于增强孩子的体质，让孩子茁壮成长。

不会走路的婴儿，也可以散步

小小才刚刚满月，就被妈妈迫不及待地推出来散步、晒太阳，有老人看到了，觉得很惊讶："以前，我们都要等到孩子百天之后，才会带孩子出来见世面。这么小的孩子就出来，能行吗？"小小妈妈可是科学喂养的坚定拥护者，她对老人说："多晒太阳能补钙，孩子见到更多的东西也会更机灵。"老人羡慕地说："真好，看看这个婴儿车这么高档，孩子躺在里面一定很舒服。以前的孩子没有自己的小床，也没有自己的车子，只能和父母挤在一起睡觉，出来就由父母抱着，肯定没有躺在车里舒服。"

随着现代育儿观念的普及，越来越多的年轻妈妈都主张科学喂养和育儿，很少有妈妈会在几个月的时间里都不带新生儿出门，而是会用小推车推着婴儿出来散步遛弯。从科学喂养的角度而言，孩子们多多晒太阳是有很大好处的，可以促进钙的吸收，也可以让孩子的体格更强健。

除了推着婴儿出来散步之外，如今的妇婴用品品种繁多，功能齐全。等到孩子月龄大一些，会坐了，不但有婴儿专用的腰凳给孩子坐，还有配套的束缚带可以把孩子捆绑在父母的身体上，避免孩子滑脱。总而言之，这些工具可以帮助父母更好地带着婴儿散步，也会为婴儿提供更加舒适的便利条件。

第03章 早期体能培养：运动开发让宝宝茁壮成长

在带着婴儿散步的过程中，婴儿可以感受到清风吹拂，可以看到很多的鲜花、绿叶，还可以看到各种小动物。这些东西可以很好地刺激婴儿的视觉神经、脑部神经发育，对于婴儿的健康成长大有裨益。

在风和日丽、温度适宜的天气里，父母们带着婴儿来到户外，可以在柔软的草坪上铺上厚厚的爬行垫，这样一来，婴儿可以在爬行垫上自由地爬行，增强肢体的运动能力，锻炼智力的灵活性。需要注意的是，孩子的皮肤非常娇嫩，当带着孩子长时间暴露在阳光中的时候，父母一定要给孩子做好防护措施，如支撑起帐篷遮挡阳光，为孩子涂抹防晒霜，避免被阳光直射等，都是很有效的防晒措施。

带着婴儿去散步，不仅仅有上文所说的这些好处，还可以让孩子亲近大自然，在与父母相处的过程中，与父母之间建立牢固的纽带，也增进与父母之间的感情。既然带着孩子一起散步好处多多，爸爸妈妈们，你们还不赶快行动起来吗？来吧，不要错过孩子成长的每一分每一秒，也不要错过孩子成长中精彩的呈现！

和爸爸一起奔跑

在一个完整的家庭里，妈妈照顾孩子和家庭更多一些，父亲则主要负责在外打拼。然而，这并不意味着父亲在孩子的成长中可有可无，相反，父亲承担着重要的家庭责任，孩子们理应和父亲多多接触，在观察父亲言行的过程中，潜移默化被父亲影响，也学习父亲在很多方面出类拔萃的表现。这也是为何在很多单亲家庭里，孩子跟着妈妈很缺乏安全感的重要原因。

父母在教养孩子的过程中，应该让孩子更多地和父亲相处，感受父亲的独特魅力。很多父亲都喜欢运动，但是在孩子诞生之后，妈妈一个人带孩子很辛苦，有些父亲为了帮助妈妈照顾孩子，就终止了跑步的习惯，留在家里和孩子一起玩。实际上，即便是几个月的婴儿，也可以和爸爸一起跑步，这依然要受益于品种丰富的妇幼用品。市面上有专门的运动推车出售，只要选购一辆这样的推车，父亲就可以推着婴儿去跑步。和普通的推车相比，运动推车的减震性更好，有利于保护孩子稚嫩的身体，孩子乘坐起来也会更加舒适。

被父亲推着去跑步，孩子们会看到户外更远处的风景，他们会很兴奋，也很欢喜。当爸爸跑步的时间久了，孩子们在有规律的颠簸中很容易入睡。户外的空气很新鲜，孩子的睡眠也会更加深沉、香甜。

等到孩子一岁多，学会了走路和奔跑，那么他们就可以陪着爸爸一起跑步。为了配合孩子的节奏，爸爸可以放缓脚步，降低速度。这样孩子可以跟在爸爸后面慢慢跑步，如果为了保

证孩子在视线内，爸爸也可以让孩子在自己前面领跑，这样就可以随时观察孩子的一举一动，从而最大限度保证孩子安全。

年幼的孩子体力是有限的，爸爸带领孩子运动要坚持适度的原则，而不要让孩子过于疲惫。为了让孩子随时有休息的地方，爸爸可以带着推车，把推车停在一边，而和孩子在短的距离内进行来回跑。等到孩子运动足够了，爸爸可以把孩子放到推车里，或者推着孩子继续朝前跑，或者推着孩子跑回家，相信这个时候孩子在疲惫的状态下一定可以美美地睡上一觉。

如果妈妈没有太着急的家务活要做，可以和爸爸一起推着孩子去跑步，全家人其乐融融。很多孩子运动能力不好，父母总是说孩子没有运动的天赋，其实不然。对于孩子而言，爸爸就是他们的第一任体育老师，如果爸爸在孩子1~5岁充分发掘孩子的运动能力，相信孩子一定会更加热爱和擅长体育运动。

在和孩子一起跑步的过程中，爸爸可以有意识地引导孩子面对困难，发扬勇往直前的精神，激励孩子的力量，让孩子产生自信。如今，有很多男孩都呈现出妈宝男的特征，就是因为他们从小就由妈妈和奶奶或者姥姥带大，到了学校里，幼儿园和小学阶段，又都以女性老师为主。为此孩子潜移默化中受到女性的很多影响，性格也会变得越来越软弱，在遇到很多重要的事情时，往往没有主见，或者表现得非常怯懦。反之，如果孩子更多地和爸爸相处，也能够从爸爸身上汲取勇气和力量，孩子的内心一定会更加强大，也会形成各种坚毅顽强的品质。

想运动总有机会

爸爸很喜欢运动，为此在果果小时候，就很注重对于果果运动能力的培养。然而，他们生活的城市南京经常阴雨连绵，这使得爸爸和果果的运动项目受到限制。一开始，他们每到阴雨天气就选择在家里休息，看电视，或者读书，后来爸爸意识到阴雨天这么多，不能都荒废了，因而想到可以和果果在家里运动。

爸爸搜罗了很多适合室内的运动方式，如飞镖、滚球、丢手绢等。爸爸还开发出一些床上运动，如仰卧起坐、后空翻等，这样一来，就算是在天气不好的日子里，爸爸和果果也能坚持运动。

随着城市居住的人口越来越多，居住密度越来越大，父母的工作节奏也越来越快，很多孩子运动的机会都被剥夺了。他们只能整天坐在家里看电视，看电脑，偶尔被照顾者带出户外去玩耍，也只有一两个小时的短暂时间，期间还要被限制这个不许玩、那个不许动，不得不说，孩子真可怜，就像是在一个囚牢中成长一样，最终自由的天性被束缚住，再也无法释放。

每当提起孩子运动的问题，照顾者总是有各种各样的理由逃避带孩子出去，如今天刮风，明天下雨，后天又有雾霾。而在城市里，大多数家庭的住房根本没有特别大的空间给孩子玩耍。俗话说，只为成功找方法，不为失败找理由。作为孩子的

照顾者，之所以有心或者无意地剥夺孩子运动的权利，就是因为从思想上不曾重视运动，也没有意识到运动对于孩子成长的重要性。

如果父母真的觉得运动对于孩子而言是必须的，那么就能想出办法为孩子开辟运动的空间，例如，收起家里那些不需要用到的家具，把更多的家具缩小空间堆放，这样一来家里可以供给孩子运动的空间自然就会更大。近些年来，空气质量令人担忧，那么在天气不好或者空气质量糟糕的情况下，父母可以打开空气净化器，让孩子们在家里运动。很多父母觉得家里空间小，摆不下孩子喜欢玩的大型玩具。实际上，孩子很会玩，哪怕是一个特别简单的玩具，孩子也能玩得兴致盎然。例如，一个由破旧衣服团成的球，由一个大纸箱子做成的小屋。甚至什么玩具也没有，只要父母有心陪伴和引导，孩子也能玩得兴致盎然。

当孩子们在户外玩耍的时候，父母要留心孩子的安全问题，因为户外有很多的未知因素和不确定因素，必须要保证孩子的安全。当孩子们在室内玩耍的时候，有些父母觉得孩子在家里很安全，其实不然。因为家里空间狭小，而且有很多的危险因素存在，所以父母反而要更加小心。有的孩子在家里玩耍时蹦蹦跳跳，导致摔落骨折；有的孩子踩在没有固定的五斗柜打开的抽屉上，导致五斗柜倒地，压在孩子的身上，孩子受到严重的伤害，甚至危及生命；有的孩子在家里玩水或者电、燃气等，一旦发生危险就将是致命的。作为父母，要想让孩子在家里玩得开心，就一定要先消除这些安全隐患，保证孩子安全。唯有这样，孩子才能玩得放心，玩得高兴，也玩得尽兴。

有些家庭里住房面积很大，会有上下楼梯在室内。那么当孩子还不知道从楼梯上跌落的危险，对于自己的行为也不能负责时，父母一定要安装安全护栏起到防护作用，谨防孩子从楼梯上滚落。父母虽然是孩子的监护人，却不可能一天24个小时都瞪着眼睛看着孩子。所以要做好家里的各种安全防护工作，从而让孩子在安全的环境里健康成长。

小小的家庭足球队

皮皮从小就喜欢球，为此妈妈还曾经调侃过皮皮，说应该叫皮皮为皮球。皮皮小时候喜欢滚球，后来喜欢拍球，到了5岁前后，居然爱上了足球。妈妈想到皮皮不喜欢跑步，是因为跑步很枯燥，又转念一想，皮皮喜欢踢足球正好可以变相跑步，为此妈妈非常支持皮皮玩足球。

在皮皮5岁生日那天，妈妈买了一个很好的足球送给皮皮当生日礼物，这样皮皮就可以在开阔的草地上踢足球了。有的时候天气不好，皮皮还可以对着家里客厅中的一个画出来的球门踢球。虽然完全是在玩着练习，也没有什么章法，但是一个

冬天下来，皮皮脚尖上的准头越来越好，那个足球就像是长了眼睛一样，奔着皮皮瞄准的目标就去了。看着皮皮对于足球的兴趣越来越浓郁，妈妈决定为皮皮组建一个足球队，每到周末的时候就可以聚集在一起玩。妈妈召集了亲戚朋友家的好几个孩子，都是和皮皮差不多年纪的，一到周末就相约一起踢球。爸爸还为孩子们制订了简单的规则，充当孩子们的教练。每个周末的足球日，孩子们都玩得高兴极了，而且都坚信自己长大之后可以成为优秀的球员。

如果遇到小伙伴们有事情来不了，爸爸妈妈就会一起上场，陪着皮皮踢球。在爸爸妈妈的支持下，皮皮的球技日渐精湛，他还对于足球的历史产生了浓厚的兴趣，常常央求爸爸为他讲述关于足球的故事呢！每当有大型足球比赛的时候，爸爸都会充当足球解说员，和皮皮一起看足球比赛。

很多男孩都喜欢球类竞技运动，是因为这些竞技运动与跑步等枯燥的运动相比，具有更强的趣味性，也因为能够区分出胜负输赢，所以显得妙趣横生。然而，作为父母，切勿把培养孩子爱运动的习惯当成是口号，而是要坚持身体力行，陪伴和支持孩子进行运动。

父母是孩子的第一任老师，也是孩子最亲密无间的陪伴者，每天都能和孩子一起生活，朝夕相处。在孩子心中，他们最信任的人就是父母，所以他们对于父母的一言一行都看在眼睛里，记得在心里。由此可见，父母对孩子的影响作用是很大的。

父母要想让孩子爱上运动，拥有健康强壮的体魄，自己首先要热爱运动。父母对于运动的热爱最终会感染孩子，也会传递给孩子。当父母发自内心执着运动时，孩子的运动天赋就一定不会差，运动能力也就不会弱。

在一个家庭里，除了可以组建小小足球队之外，还可以组织各种其他形式的运动团队。例如，对于大一些的孩子而言，可以有羽毛球单打和双打的团队，可以有乒乓球单打和双打的团队，还可以组织跳绳比赛等。当家庭运动的形式丰富多彩，趣味横生，孩子们一定会爱上运动，也会在运动的过程中表现出独特的天赋。

扭扭车和三轮车都是孩子的好伙伴

从一岁多开始，乐乐就能骑扭扭车了。所谓扭扭车，就是有三个咕噜的小车子，前面有一个双咕噜，后面有两个单咕噜，在三个咕噜的支撑下，孩子只要用双腿使劲扒拉车子，像划船那样，车子就能往前滑行。如果不用双腿使劲扒拉车子向前，只是靠着前面的两个双轱辘扭动，车子就会像蜿蜒前行的蛇一样向前游行。这个车子很好玩，孩子只要学会走路就能骑。又因为车子底盘很低，距离地面很近，所以孩子就算骑车过程中摔倒了，也没有关系。

乐乐到了四五岁，还是对扭扭车爱不释手。除了扭扭车之外，他还很喜欢骑三轮车。显而易见，骑三轮车需要更大的力量，为此乐乐两岁之后才会骑三轮车。一开始，他很容易累，奶奶就会用三轮车后面的连杆推着他走，后来，乐乐力气越来越大，有的时候骑得飞快，奶奶想追都追不上。除了这两辆车之外，乐乐还有好几辆车子，不过这两辆车子是他的最爱。

很多父母会给孩子买各种各样的玩具，发现孩子只是玩很短暂的时间就会失去兴趣，不愿意继续玩，而忽略了给孩子买几辆能够一直喜欢骑的车子。扭扭车真是一个好玩具，孩子可以从一岁多骑到五六岁，算是孩子的各种车子里使用时间比较长的。三轮车也会陪伴孩子度过好几年的幼年时光，因为三轮车有三个咕噜，比自行车更加安全稳固，所以适合年纪小的孩子骑行。

孩子骑车去到想去的地方，对于他们而言，这是一种非常奇妙的体验。如果有孩子能够描述出自己既不需要父母抱着也不需要自己走，就能到达某个地方的感受，相信一定不比成人学会开车带来的感觉弱。

孩子在成长的过程中，一定要拥有属于自己的几辆车子，等到长大了，看着这些车子，回忆起这些车子曾经陪伴自己度过的时光，孩子肯定会感到来自心底的温暖和感动。当然，每个孩子喜欢的车子都各不相同，在为孩子选购车子的时候，父母可以征求孩子的意见，尊重孩子的想法。只有对自己真心喜欢的车子，孩子才会愿意骑，也才会玩得更开心。

需要注意的是，孩子在户外骑行的时候，因为道路状况不明，所以很容易跌倒。在孩子骑行的时候，父母要督促孩子戴好护具，主要是头部、肘关节和膝关节。在护具的保护下，孩子即使摔倒也不会受伤，不至于留下心里的阴影，也就更愿意勤学苦练让自己的骑行技术更加熟练。为人父母，任何时候都要把孩子的安全放在第一位考虑，其次才是孩子的成长和发展。

在一年四季的景色中做喜欢的事儿

冬天来了，乐乐每天都在期盼着第一场雪的降临。妈妈也很期盼着下雪，毕竟有一整年都没有看到满天飞雪的景象了。周一清晨起床，妈妈推开窗户看到外面银装素裹，不由得冲到乐乐的房间里，对着乐乐惊喜地喊道："乐乐，下雪了，下雪了！"正在酣睡的乐乐被妈妈喊醒，兴奋得还光溜着呢，就奔到窗前。乐乐很高兴，但是旋即又有些失落："可惜我要去上幼儿园，不能玩雪。"妈妈提醒乐乐："放学之后也可以玩啊！"乐乐说："放学之后，雪就停了。而且，人们踩来踩去，雪就会变得脏兮兮的，不能堆雪人。"妈妈沉思片刻，认为乐乐说得很有道理。

突然之间，妈妈脑中灵光一闪，有了一个大胆的想法。她故作神秘地说："我有一个好主意，可以让你顶着飞舞的雪花玩洁白的雪，你觉得怎么样？"乐乐马上兴奋地跳起来："真的吗？真的吗？"妈妈把乐乐抱在怀里，说："妈妈向老师请假，让你今天可以玩雪，不用去上学！"乐乐高兴极了，欢呼雀跃如同出笼的小鸟，就差飞起来了。痛快地玩了一整天的雪，乐乐由衷地说："妈妈，今天是我最高兴的一天。"

听起来，为了让孩子玩雪，就带着孩子翘课，似乎不该是父母做的事情。而实际上，乐乐能有这样一个童心未泯的妈妈，是他的幸运。对于孩子而言，去幼儿园固然重要，更重要的是获得快乐。童年的时光总是短暂，大雪更是要在寒冷的冬天里才会如约到来的礼物，所以在孩子读幼儿园期间，如果实在不想错过一场大雪，尤其是每年的初雪，作为父母怀着赤子之心和孩子一起疯一次，也未必不可。这么做，不但可以让孩子得到额外的惊喜和满足的快乐，也能够拉近父母和孩子之间的距离，让亲子关系变得更加亲密无间，帮助孩子建立对父母的信任。

很多父母都发愁孩子的能力有限，不知道该让孩子做些什么事儿，实际上对孩子来说可以做的事情很多。很多父母对于孩子喜欢玩什么总是思维局限，认为孩子就该玩那些玩具。当思考如何才能对孩子进行体能训练时，他们又觉得孩子还小，可以做的运动很少。实际上，孩子可以做的事情很多，只是父母没有想到而已。

一年有春夏秋冬四个季节，在每个季节里，孩子们都有可以做的事情，而且还会乐此不疲。在春天，孩子们可以和父母一起植树，一起放风筝，在春光明媚中，感受春风和煦暖的阳光。在夏天，孩子们可以下河捉鱼，戏水。在秋天，孩子们可以清扫落叶，采摘果实，感受秋之绚美。在冬天，孩子们可以玩雪，滑冰等。总而言之，每个季节都有每个季节的景色，每个季节都有每个季节的乐趣。正如一位名人所说的，这个世界上并不缺少美，缺少的只是发现美的眼睛。同样的道理，这个世界上也不缺少孩子的乐趣，作为父母一定要有着火眼金睛，发现适合孩子玩耍的项目和乐趣。有趣的父母才能构筑有趣的家庭，有趣的家庭才能培养出有趣的孩子。在家庭教育中，很多环节都是环环相扣的，父母的心要敏感而又柔软，才能给予孩子更多的爱和自由。

有院子的孩子很幸福

每年到了暑假，乐乐最盼望的事情就是去爷爷奶奶家里避暑。说是避暑，其实爷爷奶奶家里也很热，只不过因为有满院子的绿荫和清凉，也有刚刚采摘的蔬菜瓜果的甘甜，所以显得不是那么燥热而已。相比起爷爷奶奶家里，在城市的家中，在如火的骄阳下，钢筋水泥铸就的城市森林更加冒着炎炎的热气，似乎要把人烤焦一般，使人感到窒息和沉闷。又因为爸爸妈妈都忙着工作，没有时间照顾放暑假的乐乐，为此一到放假，他们就把乐乐送到爷爷奶奶家里。在乐乐心中，这正意味着每年的狂欢大季拉开了序幕。

爷爷奶奶的院子很神奇，一半院子种植了蔬菜和瓜果，一半院子搭了凉棚，凉棚下还有鱼缸呢！有的时候，爷爷会把钓来的鱼放在鱼缸里养着，有的时候，乐乐把从溪流中捉来的青蛙和蝌蚪也放在鱼缸里。实在无聊的时候，乐乐还会搬着小板凳，拿着简易的钓竿，在鱼缸里钓鱼。在乐乐心里，这个院子简直太神奇了，充满着魅力。

对于孩子而言，有一个院子的好处数不胜数。遗憾的是，如今在城市的家庭里，孩子们很少有机会享受院子带来的乐趣。和在家里不能放开了玩不同，在院子里，孩子们可以肆无忌惮地玩，想怎么玩都可以，简直就是乐园。作为父母，不妨借助于假期等各种机会，带着孩子去有院子的地方玩，这样能够为孩子枯燥的城市生活增加很多的乐趣。

当然，如果没有老人在农村生活，想拥有属于自己家的院子是很难的。不过在很多城市里都会有市民广场和开放式的免费公园，每逢节假日的时候，父母带着孩子一起去广场和公园玩耍，孩子同样会很快乐。

孩子的很多快乐其实都是父母争取得到的，有一个会玩也喜欢玩还能陪伴着一起玩的父母，是孩子的幸运。作为父母，不但要善于发现孩子的优点和长处，也要善于为孩子寻找乐趣，更要善于和孩子一起创造乐趣，这样孩子的童年生活才会更加丰富精彩，趣味盎然。当然，孩子不管是在院子里玩还是在公共场所里玩，父母都要注重孩子的安全问题。例如，当玩耍的地方靠近马路的时候，作为父母，要叮嘱孩子当玩具滚落到马路上，不要去捡，因为马路上车流量很大，非常危险。如果玩具落到河里，或者玩耍的风筝掉在树上、电线杆上等危险的地方，都是要禁止孩子擅自去捡的。当孩子养成遇到危险求助于父母的意识，意外发生的概率就会大大降低。对于父母而言，保证孩子的安全是头等大事，一切都要在孩子安全的情况下，才能有序展开。

第 04 章
培养科学探索精神：让宝宝拥有严谨的思维

孩子具有强烈的探索精神，面对外部未知的世界，他们一旦能爬会走，马上就会迈出求知的脚步，四处去开拓属于自己的疆域，更多地了解和认知外部的世界。作为父母，当然要保护好孩子的科学探索精神，努力培养孩子严密的逻辑思维能力，帮助孩子形成勤于思考和勇于探索的好习惯。这样一来，孩子随着不断地成长，能力增强，才会具有更强的科学精神，也才会不遗余力去钻研这个世界。

算术题在生活中无处不在

妈妈从未专门对乐乐进行早教，但是让人惊讶的是，乐乐不但认识一千多个字，而且还会做简单的算术题。在一年级的入学面试上，乐乐的表现比很多从三四岁就开始上早教班的孩子的表现更好，这是为什么呢？

原来，爸爸妈妈虽然没有给乐乐报名早教班，但是在陪伴乐乐的过程中，始终非常重视开发乐乐的智力，也会借助于各种方式引导乐乐进行简单的计算。和上早教班孩子容易反感数学相比，妈妈这样诲人于无形的方式，让乐乐在潜移默化中就学会了算术题，堪称高明。

例如，有的时候妈妈带着乐乐一起去买菜，对于八元钱的菜，妈妈会付十元钱或者二十元钱，因而问乐乐需要找回多少钱。在吃饭的时候，妈妈也会考一考乐乐，如问乐乐如果有十个苹果要分给五个人，每个人可以分得多少苹果。在妈妈的引导下，乐乐从算数很慢，到思维敏捷，计算能力越来越强，二十以内的加减法都能做得很好。正如人们常说的，生活处处皆学问，实际上对乐乐来说，是生活处处皆算数。随着计算能力的提升，乐乐爱上了做算术，每次和妈妈出去都抢着算钱，算得又快又好。

在借助于生活中的各种机会引导乐乐做算术的过程中，妈妈不但培养了乐乐的思维能力，而且提升了乐乐计算的速度。最重要的是，在此过程中，妈妈还引导乐乐认识到算术和现实生活联系紧密，也让乐乐对于算术产生了浓郁的兴趣。

有人说，兴趣是孩子最好的老师，只有在兴趣的指引下，孩子才能排除万难，战胜学习上的困境和障碍，进入到学习更好的状态之中。反之，如果没有兴趣的指引，孩子们一旦遇到困难，马上就会想到放弃。作为父母在培养孩子的科学素养时，一定要以激发孩子的兴趣为最主要的原则，也要更多地关注孩子的心灵和成长，这样才能有的放矢地帮助孩子，也才能真正激发出孩子内心的力量。

日常生活中，父母除了可以找到各种形式、借助各种机会考验孩子之外，还可以灵活采取方式，如彻底颠倒过来，让孩子来找各种算术题考验父母。有的父母认为这不能起到良好的作用，其实不然。因为孩子在考验父母的过程中，为了验证父母的回答是否正确，自己必须在心中快速地计算出结果。这样一来，非但可以提高孩子的计算能力，还可以提升孩子的计算速度呢！

在入学前，对于孩子来说，学会简单的算术和认识一些字，都是很重要的。学会算术可以用于现实的生活应用，认识一些字则可以让孩子自主阅读，看自己喜欢看的书，在知识的海洋里自由地翱翔。作为父母，对待孩子的学习要把心态变得轻松一些，而不要陷入教育焦虑状态，这样才能让孩子在成长

跟幼儿园教师学早教

之中有更加出色的表现，获得大幅度的进步和提升。

孩子就要有寻根究底的精神

乐乐是个很爱动脑，也喜欢钻研的孩子。三岁之后，他的语言能力发展非常快速，可以把他心中的所思所想都表达出来。也正是从这个时候开始，乐乐变成了十万个为什么，而爸爸妈妈显然还没有以知识把自己充实成为百科全书。

有的时候，乐乐会把爸爸妈妈问住，急脾气的妈妈会不耐烦地敷衍乐乐，而同样有着钻研精神的爸爸则会和乐乐一起通过阅读工具书，在网络上查阅资料的方式，探求真相和正确的答案。

最近这段时间，乐乐很喜欢喝牛奶。有一天，乐乐咕嘟咕嘟喝完了一大杯牛奶，便问爸爸："爸爸，牛奶是从哪里来的？"爸爸说："从超市里买来的啊。"对于爸爸的这个回答，乐乐显然不满意，继续问爸爸："那么，超市里的牛奶是从哪里来的？"爸爸说："是奶牛生产的。"乐乐继续追问："那么，奶牛为何会产奶呢？它生下小宝宝了吗？"这个问题可把爸爸问住了，爸爸一时之间也不确定奶牛是生了小牛才会产奶，还是原本就会一直不停地产奶。爸爸对乐乐说："人类的妈妈是要生下小宝宝之后，才会产奶的。至于奶牛是不是和

054

人一样，爸爸不清楚，要不我们一起查阅百科全书，找到答案，好不好？"乐乐高兴地和爸爸一起翻阅了百科全书，没有找到答案，又去网络上查找资料，最终得出结论："奶牛和人一样，要生下小奶牛才会产奶。所以奶牛总是在不停地生小奶牛，等到奶量减少，就再生小奶牛。"得知了牛奶的来源，乐乐称呼自己为小牛，还称呼奶牛为奶牛妈妈呢！

孩子好奇的很多问题，就算是成人也未必知道正确的答案。在感到迷惘和不解的时候，不要对孩子采取敷衍了事的态度，也不要以错误的回答敷衍孩子。

很多父母担心自己不能回答出孩子的问题，会被孩子看不起，其实父母正好可以借此机会教育孩子每个人都有一知半解的时候，每个人都需要不断地学习才能掌握更多的知识，解开心中更多的疑虑。

与此同时，父母还以身作则为孩子示范榜样，告诉孩子必须坚持学习才能持续进步，则会对孩子起到很好的教育作用。

这个世界真的非常神奇，在很多无人涉足的领域中，还隐藏着无数的秘密。作为父母，切勿在孩子面前不懂装懂，而是要为孩子揭开世界神秘的面纱，引导孩子在求知的道路上始终坚持科学探索的精神，这样才能透过现象看本质，也才能洞察更多的真相。

春天来了，我们去植树吧

清明节过后，幼儿园里举办了春游的活动，主题是植树。一大早，孩子们就来到幼儿园，等着乘坐大巴车奔赴春游的地点。他们叽叽喳喳说个不停，就像是刚出笼的鸟儿一样，自由自在，欢呼雀跃。经过半个小时的车程，孩子们到达了指定地点，开始植树。

显而易见，孩子们没有力气挖树坑，陪同的父母义无反顾承担起这个责任，自告奋勇帮孩子们挖掘树坑。然后，孩子们拿来细细的小树苗，又开始舀水浇树。甜甜好奇地问妈妈："妈妈，小树苗喝了水就能活吗？能长成绿绿的叶子吗？"妈妈点点头，说："当然。树的生长需要有阳光、空气和水，还需要土壤。咱们只要多给小树浇水，小树咕咚咕咚喝完了水，就一定会长大的，长得和小朋友一样快。"这次植树活动，让甜甜知道了参天大树在小时候是什么样子的，也让甜甜感受到了生命的神奇魔力。

清明时节雨纷纷，路上行人欲断魂。其实，清明节气不但是祭奠先人的时候，也是去郊游踏青的好时节。到了阳光明媚的春天，大地惊蛰，万物生发，父母要多多带着孩子在户外玩耍，让孩子吸收更多的阳气，接受阳光的照射和抚触。这样，孩子的身体才会更强壮。此外，春天还是植树的好时节，让孩子亲身体验植树的快乐，孩子的体验会更加丰富，内心也会更

第04章 培养科学探索精神：让宝宝拥有严谨的思维

加充实。

每个人都有探索生命的本能，孩子也是如此。对于自己是如何来到这个世界上的，孩子始终都充满好奇。借助于植树的活动，父母可以引导孩子见识树木的生长，也可以向孩子解释生命的神奇。同时，可以为孩子铺垫生命教育的基础，等到孩子有朝一日长大了，对于生命的繁衍产生兴趣，父母可以在此基础上向孩子解释生命，也让孩子更加深入地了解生命的本质。

孩子对于外部世界总是充满了好奇，在植树之后，小朋友们很有可能会产生一种误解，觉得把其他的东西种到土壤里，也会得到更多，如铅笔、爆米花、糖果等。当发现孩子做出这种可爱呆萌的事情时，父母不要嘲笑孩子，而是要告诉孩子什么是有生命的种子。在父母每一次认真解答孩子疑惑，正确引导孩子的过程中，孩子一天一天地长大了。然而，一切的生命都是从一颗充满活力的种子开始，哪怕孩子粗浅地以为自己也是一颗被小鸟叨落掉入妈妈肚子里的种子，对于孩子特定的思维而言也是可以理解的。

给昆虫们开一场聚会

妈妈发现，天天特别喜欢蹲在草地里，观察草地里各种各样的虫子，尤其喜欢观察蚂蚁，有一次还在雷雨降临之前，看到了蚂蚁搬家的景象呢！看到天天这么喜欢虫子，一开始禁止天天拿起虫子的妈妈，改变了想法，为了培养天天细致观察的能力和专注力，妈妈很支持天天观察这些虫子，为此还购买了一个专门给虫子生活的玻璃小屋子，让天天把抓到的虫子都放在小屋子里。

天天每天一起床，第一件事就是检查虫子的情况。如果有虫子死了，天天就会很伤心。有一次，天天在学校的一个大树桩底部，发现了很多虫子，有会爬的小昆虫，有蠕动的软体虫子。乐乐突发奇想：为何不把这些虫子集结起来，让他们开一场聚会呢。这么想着，他回到家里把小屋子拿到树根处，把虫子们都搬家到小屋子里。一瞬间，小屋子变得热闹极了，有各种各样的虫子，大家挨挨挤挤住在一起，变成了一家人。乐乐还采摘了几片树叶放在小屋子里，猜测着虫虫们的聚会是否有趣。

孩子的世界充满了童真童趣，他们的眼睛那么清澈，似乎一眼就能看到心灵的深处，同时他们的内心充满了各种稀奇古怪的想法。当发现孩子对于细节或者细小的事物表现出特别的关注和投入时，作为父母切勿打扰孩子，因为这个阶段，孩子的细节敏感力正在快速发展，专注力也正在形成。父母要给孩子创造专注的条件，也要保护好孩子的想象力，不要总是以现实扼杀孩子的想象力，也不要总是以现实打击孩子的创造力。

想象力和创造力都是孩子的翅膀，只有内心充满灵气，思维异常活跃的孩子，才会在想象方面有出类拔萃的表现。每当看到孩子很亲近各种虫子时，父母不要禁止孩子观察和研究虫子，而是应该引导孩子看到各种虫子更加细微的不同，也要告诉孩子各种虫子的名称、生活习性等。对于孩子的引导教育，并不像很多父母误以为的那样，必须在非常庄重严肃的场合里进行，而是要渗透在生活的方方面面和点点滴滴之中，要寓教于乐，也要寓教于生活。

孩子不但会给虫子开Party，有的时候他们也会突发奇想，搜集各种植物的叶子在一起，还会把很多的毛绒玩具放在一起，给它们开会，与它们说话。有的时候，这也是因为孩子在四五岁期间想象力快速发展，非常丰富，因而区分不清楚想象和现实导致的。看到这样的情况，父母无需惊慌，更不要怀疑孩子的脑子不清醒。就算陪着孩子一起进入他们构筑的童话世界中又如何呢？对于孩子而言，这个童话世界里充满了真善美，也会发生各种各样的奇迹，正是他们心向往之的世界。

这个药水真的很神奇

妈妈带着甜甜一起洗澡，妈妈淋浴，甜甜坐在她的小浴盆里，正在拿着一杯充满泡沫的水念念有词。妈妈感到很好奇，问甜甜："甜甜，你在做什么呢？"甜甜一本正经地说："妈妈，我正在研制一种神奇的药水呢！"妈妈更好奇了："这种药水有什么用处呢？"甜甜煞有介事地说："这种药水可以治病，还能让人长生不老呢！喝了还会变得聪明。"听到甜甜把药水说得这么神奇，妈妈赶紧提醒甜甜："这个水是洗澡水，很脏，不能喝到嘴巴里的。"甜甜觉得有些扫兴："哎呀，妈妈，我知道这个药水不能喝，我只会假装喝的。"妈妈暗暗想道："这个家伙原来是在自娱自乐啊，我还以为她真的要喝呢！"

很多父母都会发现，孩子特别喜欢制作神奇的药水。他们在制作药水的时候，会把各种东西都加入药水中进行混合搅拌，甚至还会模仿电视上老巫婆的样子对这个药水施展魔力。在做完这一切之后，他们还会捡起一些乱七八糟的东西加入药水之中，诸如小昆虫、碎石块、小树根等。似乎药水变得越复杂，魔力也就越强。

在洗澡的时候，孩子没有那些乱七八糟的东西加入药水中，就会就地取材，在药水中加入洗发水、洗面奶、洗手液等，甚至还有他们的口水。而能够让药水变得更神奇的，就是洗澡过程中产生的泡沫。作为父母，一方面要看好孩子不要把药水喝到肚子里，二则要配合孩子对于药水的神奇魔力感到好奇，而不要总是对药水嗤之以鼻，否则孩子一定会感到非常失落。

第04章 培养科学探索精神：让宝宝拥有严谨的思维

在父母眼中平淡无奇的药水，为何在孩子的眼中那么珍贵且神奇呢？从心理学的角度而言，孩子的幻想力是很强的，他们能把那些平淡无奇的东西想象成具有神奇魔力的物质，因此对于这些物质非常相信且迷恋。作为父母，即便对于孩子所做的一切不以为然，也不要否定孩子的努力，而是要配合孩子表演，假装相信孩子的药水真的是灵药！这样才能满足孩子内心的渴望，也才能让孩子在此过程中获得精神和情感上的满足。

需要注意的是，在孩子热衷于做药水的时候，父母不要限制和禁止孩子，而是要给孩子提供安全的空间去做研制药水的实验。这些在父母眼中看起来小儿科的实验，在孩子眼中却是非常重要的。作为父母，一定要尊重孩子的创意，也要配合孩子做有益的事情。

小小建筑家的梦想

作为一个男孩，乐乐的兴趣爱好和大多数女孩的确截然不同，甚至和很多男孩只是喜欢汽车飞机等也不同。他最喜欢玩乐高玩具，这是因为他有一个小小建筑家的梦想。从小，乐乐从未看见过建筑工地，直到有一年假期，爸爸妈妈带着乐乐回到爷爷奶奶家里，正好爷爷奶奶正在建造新房子，于是乐乐得

061

跟幼儿园教师学早教

以观察房屋的建造过程。

在下地基的时候，看到地上被挖了一个很大的深坑，乐乐感到非常好奇，问爸爸："盖房子不是要用砖头吗，为何要挖一个坑呢？"爸爸耐心地向着乐乐解释打地基的作用，乐乐似懂非懂。后来，每天早晨一起床，乐乐就去观察建筑工地的进度情况。他不知道为什么要安装门窗，不知道为什么要搅拌水泥，为什么要打入很多的树桩。每天面对乐乐的一千零一问，爸爸非常耐心解答。有一天，爸爸发现乐乐居然溜到工地附近，也像模像样地搬了好几块砖头准备盖房子呢！爸爸感受到乐乐对于建筑的热爱，对乐乐说："你要是喜欢建造房子，爸爸给你买积木和乐高玩具，这样你就想搭建成什么样子，就搭建成什么样子，好不好？"乐乐一蹦三尺高，在拿到玩具的第一刻就玩起来，简直到了爱不释手的程度。

虽然建筑工地上不是钢筋水泥，就是砖块瓦砾，但是孩子的好奇心永无止境，是不会被这样恶劣的条件吓住的。他们越是看到不熟悉的东西，越是想要亲手摸一摸，越是看到没见识过的场景，越是想要一探究竟。当看到建筑工人仅凭着砖瓦水泥就能建造房子，孩子们觉得非常神奇，他们只想赶快了解建筑的奥秘，然后用自己的双手创造同样的奇迹。

不管孩子对什么感到神奇，父母都要大力支持孩子，而不要为了害怕麻烦，或者嫌弃孩子把自己弄得脏兮兮的，就对孩子各种限制，不给孩子自由。孩子天性就爱探索，对于世界充

第 04 章　培养科学探索精神：让宝宝拥有严谨的思维

满好奇，作为父母，一定要给予孩子更大的空间去自由成长。正如意大利著名教育家蒙台梭利所说的，爱和自由是父母给孩子最好的爱。

　　明智的父母不会对孩子太多限定，而是会更加用心地观察孩子，引导孩子，激发孩子的潜能。当孩子在某些方面表现出独特且杰出的能力，父母就可以有的放矢地培养孩子，为孩子在擅长的领域提供更好的成长和发展条件，这样孩子的进步会非常迅速。没有人知道孩子将来会在哪个领域中绽放异彩，面对孩子成长的无限可能性，父母所要做的就是给孩子提供条件，创造条件，让孩子无拘无束地自由成长，释放内心的力量，绽放独属于自己的精彩！

063

第05章

培养自主独立性：独立是在这个世界立身生存的第一要义

在父母的溺爱之下，很多男孩都成了妈宝男，很多女孩都沾染上公主病，仅从表面看起来，孩子们的确一天一天地长大了，但是一旦深入孩子们的心灵，却又发现他们只是一个个巨大的婴儿，看上去人高马大，实际上依然需要父母无微不至的关注和照顾，也需要父母亦步亦趋的指挥和命令。这样的孩子严重缺乏独立性，缺乏自己的主见，很难在残酷的现实中生存下去。作为父母，要避免孩子成为巨婴，就要从小培养孩子的自主性、独立性，这样孩子才能更加成功地立足于人生，也为自己在世界上扎根赢得一席之地。

让孩子独立入睡和安眠

孩子多久可以独立入睡？新手父母似乎还没有从整夜喂奶的困倦中缓过来，就又开始面对这个棘手的问题。虽然这是一个不折不扣的难题，也让我们感到一头雾水，但是当我们尽早解决这个问题，就可以获得更好的睡眠。

在西方国家，医生们不建议父母和新生儿睡在同一张床上，这是因为一旦父母过度疲惫或者困倦导致忘记了新生儿的存在，就会不小心把胳膊、腿或者是整个身躯压在新生儿身上，这对于新生儿造成的伤害将会是致命的。在中国，因为传统的影响，很多父母都会和新生儿同睡，目的是为了更方便地照顾新生儿。也有的父母因为担心孩子太小，如果分开睡觉，一旦出现呛奶等紧急情况会来不及采取措施帮助孩子。那么，有没有一种方法可以中和一下，更好地解决新生儿的睡眠问题呢？

和新生儿睡在一个房间里，但是不在一张床上。新生儿的床可以和父母的床分开放置，也可以调整到和父母的床同样的高度，和父母的床拼接在一起。这样一来，不管是新生儿还是父母，都可以睡在各自的床上，减少对于彼此的打扰。而在需要喂奶或者需要更换尿不湿的时候，妈妈不需要离开床就能照顾新生儿。这样一来，新生儿既没有和父母一起入睡，又能在

第05章 培养自主独立性：独立是在这个世界立身生存的第一要义

最短的时间内得到父母的照顾，而父母在自己的床上可以放心地睡觉，不用担心会压到新生儿，可谓两全其美。

通常情况下，在西方国家孩子一直独立睡在自己的房间，而在中国，有很多孩子直到十几岁都和父母同睡。不得不说，我们就算不让几个月的婴儿独立睡在一个房间，也不要让孩子和父母同睡到十几岁，这对于孩子的成长是绝对没有好处的。即便遵循传统，为了更好地照顾孩子，在孩子5岁前后，父母也应该让孩子独立入睡，拥有自己的房间。这对于培养孩子的独立性，帮助孩子养成良好的作息习惯，都是非常有益的。

对于独立入睡，很多父母会有误解，觉得让孩子搬到自己的房间里就是独立入睡，其实不然。真正意义上的独立入睡，还包括孩子不需要父母的陪伴，就能从清醒状态进入睡眠状态。当孩子真正能够做到独立入睡，父母就能从和孩子捆绑睡眠的状态中解放出来，等到孩子入睡，父母甚至还可以看一部电影，这对于几年来始终和孩子同时熄灯睡觉的父母而言，是多么惬意的享受啊。没有孩子的扰乱，父母之间也可以更多地交流，享受二人的温馨世界，这对于增进夫妻感情，维持家庭稳定，都是大有裨益的。

有一个细节是需要父母们注意的。很多年轻的父母会给孩子使用纸尿裤，而老人对于纸尿裤始终持有怀疑的态度，觉得纸尿裤不透气，会让孩子的小屁股感觉潮湿难受。在老人的干涉下，有些年轻父母并不确切知道纸尿裤的好处，就会采取妥协的态度给孩子用传统的尿布。实际上，纸尿裤的吸湿性非常好，反而能够保持孩子的小屁股干爽。相比之下，传统的尿布一旦被尿湿，就会紧贴着孩子的屁股，把水分反渗透到孩子的小屁股上。经过这样一番分析，纸尿裤和传统尿布高下立见，明智的父母一定会给孩子选择高品质的纸尿裤。

纸尿裤对于促进孩子的整夜睡眠是非常有好处的。父母要想改善孩子的睡眠状态，提升孩子的睡眠质量，就要给孩子用纸尿裤。在中国，有很多父母选择给孩子把尿，这非但不利于将来对孩子进行独立如厕训练，也会打扰孩子的睡眠。

孩子在成长的过程中，常常面临第一次：第一次独立入睡，第一次刷牙，第一次洗澡，第一次独立吃饭，第一次上学……作为父母，要多多学习科学的知识，更加了解孩子的身心发展规律，才能正确引导孩子学会各种独立生存的技能，更好地照顾自己，更快乐充实地成长。

九个月的孩子可以上托儿所吗

单蕾是个年轻的妈妈，丈夫是军官，长年驻扎在部队，公婆和父母都在老家生活，她独自生活在举目无亲的大城市。在孩子出生之后，她根本找不到人可以帮忙看护孩子。妈妈只能在单蕾坐月子的时候请了一个月的假，过来伺候单蕾。此后，

第05章 培养自主独立性：独立是在这个世界立身生存的第一要义

当老师的单蕾正好赶上暑假，暑假之后又和单位请了一个学期的假，就这样把孩子带到十个月。

所有的假期都结束了，单蕾不得不去上班，远在营地的丈夫根本不能帮助单蕾带孩子，最终单蕾决定把孩子送到托儿所。一则是因为雇佣保姆独自看护孩子不能让人感到放心，二则是因为遇到一个好的保姆简直比登天还难。单蕾在考察了几个专业的托儿所之后，选择相信托儿所的老师。最初把孩子送到托儿所的时候，单蕾是很担心的，总是害怕孩子吃不好睡不好，也得不到专心的照顾，会生病。孩子很快适应了托儿所，只哭了几天，反而单蕾因为把孩子送到托儿所心怀内疚。不过看到孩子开心快乐，单蕾很快就接受了孩子入托儿所的事实，也为和孩子的生活建立了新的规律。

对于九个月以上的婴儿能否上托儿所，很多父母都心怀疑虑。而实际却是，如果家里没有可靠的老人帮忙带孩子，又没有好运气遇到一个称职的、值得托付的保姆，与其把孩子交到一个不能令人放心的保姆手中，还不如送到有办学资质的托儿所中，这样至少能够保证孩子的安全，也使孩子得到及时周到的照顾。

生活总是这么残酷，给我们美好的小生命，却又让我们不得不四处奔波寻找工作。尤其是作为父母，深切意识到有了孩子之后家里的一切开销都会增多甚至加倍，就更需要上班赚钱。在不能两全其美的情况下，就只能做出理性的权衡，这样

069

才能在有所侧重的情况下，尽量把各种事情做得更好。

很多父母都会担心一旦把孩子送到托儿所，孩子如果不能适应怎么办？无法得到良好的教育怎么办？现实的情况是，大多数孩子的适应能力都是很强的，反而是父母总是对孩子万般不舍。

当然，在孩子成长的过程中，父母并不能把孩子送入托儿所就不再关注孩子，而是要在每天下班之后都及时接孩子回家，更多地和孩子相处与交流，及时了解孩子的心态变化和情绪发展。要知道，父母是孩子最信任的人，很多父母在孩子渐渐长大之后，总是对孩子有各种苛责，各种不满，而实际上在孩子心中，父母是最完美的存在，是他们唯一可以信任和依赖的人。

有些父母抱怨孩子不了解父母的苦心，不得不说，作为父母，也不知道孩子对于父母毫无保留的爱与信任。正是这样的误解，让亲子关系陷入困境之中，也会导致亲子教育出现各种问题。

在孩子小的时候，父母在亲子相处中处于主导地位，那么就要肩负起引导孩子的重任。在孩子感到迷惘的时候，在孩子犯错误的时候，在孩子闯祸的时候，父母固然不能护犊子，但也要信任孩子，给予孩子更多的理解、关爱和照顾。任何时候，真正合格且优秀的父母都会让孩子相信，父母是他们最坚强的后盾，不管何时都会毫无条件地支持和帮助他们。孩子只

第 05 章 培养自主独立性：独立是在这个世界立身生存的第一要义

有拥有这样的底气和自信，才能带着父母的爱与信任，畅行人生的道路。

一个十七岁的男孩，因为在学校里和同学发生口角，被妈妈接回家。在回家的路上，妈妈批评了男孩，结果男孩突然打开车门冲向大桥护栏，毫不迟疑地从护栏上翻身跃下，结束了自己年轻的生命。妈妈跟在男孩身后穿过车流，想要抓住男孩，结果没有抓住，坐在地上嚎啕痛哭。

每个看到这个新闻的父母，心情都必然是沉重的：孩子到底怎么了？就连几句批评的话都承受不起。妈妈到底怎么了？为何不能在孩子最需要的时候坚定地站在孩子的身后，给予孩子最强有力的支持呢？这样的悲剧事件一次又一次地发生，我们需要做的不是追究孩子或者父母的责任，而是要反思家庭的原因、教育的问题，真正找到问题的根源，去解决，去弥补，去纠正。

作为父母，切勿总是把孩子捧在手掌心，让孩子说不得碰不得，心脆弱得就像是一颗玻璃球。这个时代是残酷的，这个世界是现实的，每一个孩子终究都要离开父母的身边，投入自己的生命历程之中。早一些离开，或者晚一些离开，从原则上而言并没有必须遵守的规定，唯一的原则就是要符合孩子的身心发展特点，尊重孩子的身心发展规律，满足孩子的身心发展需要。只希望那个小时候活泼可爱的孩子，长大了也能勇敢坚强，积极主动地去面对和驾驭人生！

071

专注吃饭，才能保证营养

豆豆人如其名，真的就像是一颗发育不良的豆芽菜一样，显得很细弱，面黄肌瘦的。每次看到别人家的孩子胖乎乎的，长得虎头虎脑，爸爸妈妈总是非常羡慕。回到家里就开始做各种好吃的给豆豆吃，但是豆豆常常吃什么都不香，胃口也总是不好，只要吃几口就觉得饱了，不愿意继续吃。

在家里，爸爸妈妈、爷爷奶奶每天都会追着豆豆喂饭，豆豆一边玩耍和奔跑，家人就端着饭碗跟在豆豆的身后追逐，非但没有把豆豆喂胖，反而把豆豆喂得越来越瘦。到了幼儿园里，老师可不会追着豆豆喂饭，第一天放学回家，豆豆就告诉妈妈自己没吃饱饭。妈妈和老师沟通了豆豆吃饭的情况，老师对豆豆妈妈说："豆豆妈妈，孩子越是吃饭不专心，越是会吃不好，越来越瘦弱。我倒是觉得孩子不想吃就不要喂，等他感觉到饿了，也不要给他吃，而是坚持让他等到下一顿饭点再吃，这样就算是不喂饭，孩子也会狼吞虎咽。您可以试试我的这个方法，肯定会给您带来惊喜的。"原本妈妈是想请老师给豆豆喂饭的，没想到却被老师说服了，决定采取老师的方式对待豆豆，让豆豆从追着吃到主动吃。

妈妈狠下心，不给豆豆喂饭，即使在豆豆叫嚷很饿的时候，也不给豆豆加餐。果然，几顿饭之后，豆豆感受到饥饿的滋味，吃得越来越多，胃口大增。

第05章 培养自主独立性：独立是在这个世界立身生存的第一要义

孩子饿了自然就会吃，如果不饿，哪怕父母强迫孩子吃，孩子也不会吃。很多父母都为孩子吃饭而发愁，殊不知，孩子必须饿了才能吃得香，总是被父母强求着吃，孩子不管吃什么都会觉得索然无味，都不会觉得好吃。其实，不管是吃饭，还是喝水，还是睡觉，对于孩子来说都是同样的道理。

要想培养孩子专注吃饭的好习惯，父母就要多多引导和帮助孩子，切勿总是追着孩子吃饭，强求孩子吃饭，而是要给孩子订立吃饭规矩，告诉孩子如果不吃晚饭，是不允许吃零食的，而且不能吃饭后甜点，也不能喝饮料或者吃水果。这样孩子如果想吃到他们喜欢的食物，就必须专心吃饭。

有些父母会为孩子准备很多零食在家里，这也是不利于孩子养成专注吃饭好习惯的。尤其是在饭前，一定不要让孩子吃零食，否则就会导致孩子没胃口。有的时候，孩子因为贪玩，也不愿意专心坐在饭桌前吃饭，还有的孩子沉迷于看动画片，明明很饿也不想把眼睛从电视机上挪开。越是面对这样的情况，父母越是不能妥协。有些父母因为心疼孩子，会批准孩子边吃饭边看动画片，这样不但不利于培养孩子专注吃饭的习惯，而且会损伤孩子的消化功能，导致孩子消化不良，胃口更差，进入恶性循环之中。

为了激发孩子的食欲，父母们要为孩子营造良好的就餐氛围。在有些家庭里，父母会让孩子单独在小桌子上吃饭，给孩子特意准备一下食物，其实哪怕对于很小的孩子，父母也要让

073

跟幼儿园教师学早教

他们上桌和全家人一起吃饭。让孩子和成人吃同样的食物，再给孩子补充一些奶制品，就可以保证孩子营养均衡。如果家里有不止一个孩子，孩子们在一起比赛吃饭，会更加狼吞虎咽，吃得香甜。

当孩子胃口大增，体质也会逐渐增强，身心和智力都会得到均衡发展。作为父母，时时处处都要为孩子树立榜样，给孩子做好示范，在吃饭方面，也要尽量帮助孩子养成好习惯，形成良好的规律。当然，每个孩子对于食物的喜好和需求都是不同的，如有的孩子喜欢吃蔬菜，有的孩子特别爱吃肉，有的孩子最喜欢喝奶等。作为父母，要认真观察孩子的饮食习惯，找到孩子的饮食规律，根据孩子的具体情况引导和帮助孩子形成良好的饮食习惯，这样孩子才能吃得更好，吃得更健康，身体也才会更加强壮。

孩子应该得到需要的营养

乐乐特别爱吃肉，简直到了无肉不欢的程度，尤其是奶奶做的肉丸子，非常软和，乐乐每次都能吃好几个。但是，乐乐不爱吃青菜，这可怎么办呢？其实，诸如土豆、豆角之类的蔬菜，乐乐还是吃的，就是一旦有绿叶蔬菜，乐乐就很排斥和抗拒，饭碗里哪怕只有几片菜叶，他也要捡出来扔掉。

074

第 05 章　培养自主独立性：独立是在这个世界立身生存的第一要义

为了给乐乐补充足够的维生素，妈妈只好买很多新鲜水果给乐乐吃。但是，去到幼儿园里，可没有这么多水果作为蔬菜的替代品，所以妈妈很想培养乐乐主动吃青菜的好习惯，这样才能让乐乐摄入充足均衡的营养啊！

妈妈尝试了很多办法，都没有成功帮助乐乐养成爱吃蔬菜的好习惯，直到有一天，妈妈在商场里看到了破壁机，当即想到如果能把蔬菜打成汁液和面，给孩子做出不同颜色的面食，那么孩子是否会觉得有趣呢？妈妈是个雷厉风行的人，想到之后当即去做，用绿绿的菠菜汁和面做小煎饼，孩子果然吃嗨了。

很多父母都为孩子不爱吃青菜发愁，其实，孩子不爱吃青菜是有原因的，是因为孩子的乳牙往往长得稀稀落落，牙缝很宽，而青菜的纤维又粗又长，孩子不容易嚼碎，就会塞在牙缝里。当然，也有的孩子是不喜欢某种蔬菜特殊的味道，或者讨厌某种蔬菜的口感。父母要想让孩子爱上吃蔬菜，就不要过分指责孩子，而是要想办法把蔬菜的纤维切碎，或者改变蔬菜的形状，或者掩盖蔬菜的味道，这样孩子才更愿意接受蔬菜。

每当去菜市场，妈妈也可以带着孩子一起认识更多的蔬菜和水果，告诉孩子哪些蔬菜对于身体健康有益，哪些蔬菜吃多了之后不利于身体健康，从而帮助孩子对于健康的饮食有更多的了解和认知，这样孩子就会有意识地选择健康的绿色蔬菜作为食物。家庭的饮食结构对于孩子的未来会有很深远的影响，有些孩子哪怕已经长大成人有了自己的生活，也依然会按照小时候习惯的饮食结构去挑选食材，制作菜品的口味。作为妈妈，其实不但是在养育如今小小的孩子，也是在为孩子将来的饮食习惯奠定良好的基础，为此要保证孩子摄入有营养的健康食物，才是对孩子的成长负责。

孩子从出生到成长，需要大量的营养物质。那些偏食或者胃口不好的孩子，因为没有摄入充足的营养，所以总是非常孱弱。作为父母，要从小就引导孩子形成良好的饮食习惯，保证孩子摄入健康的食物，孩子才能得到快速成长。当然，父母的喜好对孩子的影响是很大的，在父母嗜好辣味的家庭里，孩子也往往很喜欢吃辣。反之，如果父母口味清淡，则孩子的口味也会相对清淡。因而在选择食材的时候，父母就要从健康原则出发，在制作食物的过程中，更是要以清淡口味为主，不要让孩子养成高油、高盐、高脂的不良饮食习惯，否则不利于孩子的身体健康。

吃完饭，你忘记做什么了

在中国的很多家庭里，妈妈已经习惯了做所有的家务，非但没有向爸爸请求帮助，更不会要求孩子也参与到家庭事务之中，为了家庭生活贡献出一份力量。尤其是在餐桌上，很多

第05章 培养自主独立性：独立是在这个世界立身生存的第一要义

孩子往往等到父母已经把饭菜都摆好上桌了，才会来吃饭，而等到吃完饭，父母马上开始收拾餐桌和餐具，哪怕孩子想要帮忙，父母也表示拒绝。渐渐地，孩子就会觉得父母收拾餐桌是理所当然的，而在吃完饭之后擦擦嘴巴就出去玩了。不得不说，长此以往，孩子会认为父母不管做什么都是理所当然的，也会养成饭来张口、衣来伸手的坏习惯。

有的父母也许会说，孩子还小，做什么事情都做不好，反而会帮倒忙。的确，孩子不可能与生俱来会做每一件事情，作为父母，要给孩子学习和锻炼的机会，否则孩子总是什么都不做，各个方面的能力就会越来越弱。明智的父母会主动向孩子求助，如在吃晚饭之后可以对孩子说："宝贝，你可以帮忙收拾碗筷到洗漱池子里吗？""宝贝，你可以帮忙把桌面上的垃圾都清理到垃圾桶里吗？"一开始，孩子做这些事情很生疏，很难做得到位，也许反而会帮倒忙。作为父母，切勿指责孩子做得不好，而是要多多认可和鼓励孩子，这样才能激励孩子继续努力，再接再厉。

凡事都是熟能生巧，当孩子把家务活儿做得更加熟练，得心应手，他们当然会做得更好。有些父母就看不得孩子受累，其实孩子做些力所能及的小事情非但不会累到自己，反而会让相关的能力得到提升，可谓一举两得。

让孩子参与做家务还有一个好处，就是让孩子亲自感受维持家里干净整洁的辛苦，这样孩子才会更加珍惜妈妈的劳动成果，而不会在妈妈辛辛苦苦把家里打扫得干干净净之后，因为玩得高兴就又把家里弄得乱七八糟。良好的家庭环境，需要每个人努力地去维持，否则家有捣蛋大王，不管怎么收拾都是不可能始终干净整齐的。

在做家务的过程中，孩子还会养成主人翁意识，意识到自己也是家庭的一份子，是家庭的小主人。当孩子形成家庭意识，将来就会对于家庭事务热心参与，不管家里遇到怎样的难题，孩子都不会束手旁观。可想而知，这样的孩子长大之后必然热爱家庭生活，也会很积极地投身于家庭生活。

当父母太过勤快，对孩子生活中的所有事情都要事无巨细地代劳，孩子只会变得越来越懒惰。因此，当孩子各方面的能力都得以发展，父母就要适时地懒惰，把那些孩子有能力做到的事情都留着给孩子完成，在这样的过程中，孩子成长和进步的速度一定会给父母带来很大的惊喜。

学会制作简单的早餐

乐乐很喜欢参与家庭事务，尤其是在上了幼儿园之后，老师经常会布置家务实践的作业，如给爸爸妈妈洗脚，扫地，整理书柜等。最近这段时间，乐乐又开始对做饭感兴趣，几次三番缠着妈妈教他做饭，妈妈总是以"小朋友不能动火和燃气"

第05章 培养自主独立性：独立是在这个世界立身生存的第一要义

为由拒绝了。乐乐并没有放弃，趁着周末的好时光，乐乐又缠着妈妈要为全家人做早餐。妈妈拗不过乐乐，只好同意，说："好吧，你来做三明治，我帮你煎鸡蛋，切西红柿和黄瓜，好不好？"乐乐当即高兴得一蹦三尺高。

妈妈帮助乐乐煎好鸡蛋放在盘子里，叮嘱乐乐等到鸡蛋凉了再做三明治，还为乐乐切好了黄瓜片、西红柿片。接下来，轮到乐乐上场了。乐乐模仿电视节目里做三明治的样子，先摆上一片面包，然后在上面放了鸡蛋、西红柿片和黄瓜片，还抹了一些酱料。最后，乐乐拿出牙签固定好三明治，拿起刀把方形的面包片一分为二，变成了两个三角形的三明治。乐乐高兴不已，把自己亲手制作的三明治端给爸爸妈妈吃，爸爸妈妈纷纷夸赞乐乐的手艺好，乐乐感到很自豪。

在这个事例中，妈妈很明智，虽然一开始让乐乐不要动用火和燃气做饭，后来看到乐乐的确很想做饭，因而想出了折中的办法，亲自准备好煎鸡蛋、西红柿片、黄瓜片之后，再让乐乐做三明治。这样一来，既保证了乐乐的安全，也满足了乐乐要为家人做早餐的心愿。虽然乐乐做的早餐是很简单的，但是对于乐乐来说，在此过程中，他同样感受到了妈妈的辛苦，也感受到了事物的来之不易。这不仅是个让孩子变勤快的好办法，而且也是调动孩子的积极性，让孩子参与家庭生活的必经途径。

孩子即使能力有限，在家庭生活中，只要父母有意识地培

079

养孩子参与家庭事务的能力，就总能找到符合孩子能力水平的小事情，交代给孩子去做。力气是用不完的，也许孩子在做完一件事情之后会感到疲惫，但是只要好好休息一下，他们马上就会恢复充沛的精力，变得活力满满。

作为父母，要想调动起孩子参与家庭事务的积极性，就要经常向孩子求助，从而获得孩子积极热心的帮助。孩子终有一天要离开父母的身边，去开拓属于自己的生活，作为父母，如果始终紧紧地把孩子护在自己的羽翼之下，那么孩子就永远也长不大。父母只有学会放手，让孩子从帮助自己开始做起，循序渐进培养孩子的能力，到最终具备很强的独立生活能力，在成长中会有更加出类拔萃的表现。

小小导游健步走

甜甜是个健步小能手，才三四岁的时候，她就可以和奶奶牵着手走过很远的距离，也不让奶奶抱着。如果实在感到累了，她会坐在路边的长凳上休息一会儿，起身继续和奶奶走。奶奶总是夸赞甜甜："甜甜特别棒，能走很多很多路，知道奶奶腰疼腿疼，从来都不让奶奶抱着。"每次得到奶奶的表扬，甜甜都会很自豪，也为自己感到骄傲。

甜甜不仅不让奶奶抱，和爸爸妈妈一起外出玩耍的时候，

第 05 章 培养自主独立性：独立是在这个世界立身生存的第一要义

也不让爸爸妈妈抱。有一次，爸爸妈妈带着甜甜去动物园玩。动物园很大，要走很远的路才能看到各种各样的小动物，游览过半，甜甜的步伐越来越慢，爸爸问甜甜："甜甜，累了吗？"甜甜点点头，对爸爸说："我休息一下就不累了。"

作为甜甜的小伙伴，果果比甜甜还大一岁呢，但是特别懒惰，不管去哪里，才走了几步路，就让爸爸妈妈抱着她，就像黏在爸爸妈妈身上一样，绝对不愿意下来。为此，果果妈妈向甜甜妈妈取经："你是如何让甜甜走路的？她这么小，就能走那么远，简直太厉害了。我家果果总是求抱抱，弄得我都不敢和她出去玩了，只能在家周围转悠转悠。"甜甜妈妈很乐于分享："你要哄着她走啊，走得多了，她的体能越来越强，就算你想抱着她，她也未必愿意呢！""譬如呢？"果果妈妈还是摸不着头脑，没有好办法。甜甜妈妈说："譬如，你可以让果果当导游。去动物园的时候，当你看出果果累了，就要赶在果果说累之前，激励她'果果，你是第二次来动物园了，妈妈才来第一次，你可以当妈妈的导游，把动物园里的各种动物介绍给妈妈听吗？'人的本性都是好为人师，孩子也是如此，你这么说了之后，孩子就算真觉得累了，也能再坚持一会儿，走出去更远。"果果妈妈由衷地对甜甜妈妈竖起大拇指，说："嗯，这个办法好，我想果果也一定很愿意当导游。"

父母如果没有体力一直抱着孩子，那么就要采取适宜的方法引导孩子，激发孩子的力量。孩子很想得到爸爸妈妈的认可和赞赏，为此当爸爸妈妈为他们冠以小导游的称号时，他们就会感到非常兴奋，也会不遗余力地为爸爸妈妈介绍各种动物。要想让这个激励法起到更好的效果，关键就在于父母为孩子授予的头衔应该是孩子很喜欢的。

如今，有各种各样的角色体验馆，可以让孩子们在玩耍的过程中扮演不同的角色，感受不同的职业体验。作为父母，除了要带孩子去这些角色体验馆体验不同的职业之外，还可以在生活中抓住各种机会，切实扮演不同的角色。前文说的是，为了激励孩子多多走路，不需要别人抱，父母要激励孩子当小导游。换一个思路来说，如果父母生病了，还可以让孩子充当医生为父母量体温，给父母端茶送水，还可以照顾父母。当父母想要吃早餐的时候，还可以让孩子扮演厨师，为父母准备简单的早餐。这些方式都可以激励孩子做原本不太愿意做的事情，让孩子变得更加勤快，也会在成长过程中有更加出色的表现。

孩子很想得到父母的认可和赞赏。作为父母，一定要多多认可和肯定孩子，尤其是要鼓励孩子做那些经过努力能够做好的事情，让孩子更加充满力量把各个方面做得更好。当然，具体要让孩子当什么，需要根据事情的情况决定，而不是父母随意决定的，目的就在于激励孩子，让孩子感受到更加强大的力量。

第06章

培养宝宝好性格：性格好的孩子命运自然差不了

人们常说，性格决定命运，是因为性格对一生的影响非常大。尤其是孩子，如果能从小形成好性格，那么对于未来的成长、发展都将起到极大的助力作用。为此父母一定要注重培养孩子的好性格，也要努力让孩子改变命运，成就人生。

自信是孩子人生的翅膀

甜甜先前参加舞蹈班学习。老师在考察她的身体条件后，让她直接插班到已经开课半年的班级学习。第一节课，因为有些动作其他小朋友已经学习过，而甜甜还没有，所以对于甜甜而言难度很大。因为无法做出一个高难度动作，甜甜着急地哭起来。

下课之后，甜甜很抵触继续练习舞蹈，还不停地说"我学不会"。妈妈没有强迫甜甜，直到甜甜恢复情绪平静，妈妈才对甜甜说："甜甜，你只要坚持练习，我来帮助你一起做到好不好？"就这样，在练习的前三天时间里，妈妈一直陪伴甜甜练习，当甜甜遇到困难的时候，妈妈就会鼓励甜甜，也对甜甜伸出援手。就这样，在坚持练习的五天里，甜甜每天都有进步，后来，到了第六天，妈妈才下班回到家里，甜甜就兴奋地对妈妈说："妈妈，我能自己做到了。"说完，甜甜还给妈妈演示了一下动作。妈妈看到甜甜真的能独立完成动作，马上表扬甜甜："甜甜，你真的很棒！你看，哪怕是不会的动作，只要能坚持练习，就能取得进步，对不对？"甜甜自豪地连连点头，说："练习就会了。"妈妈继续说："那么甜甜，每天都要坚持练习，好不好？"甜甜点点头。此后再遇到任何有难度的动作，甜甜从来都不说放弃，而是努力认真地练习，在坚持

第06章 培养宝宝好性格：性格好的孩子命运自然差不了

一段时间后就能战胜困难，获得成功。在此过程中，她变得越来越自信。

孩子学习舞蹈是很辛苦的，尤其是在前期苦练基本功的阶段，孩子更是会遇到更多的困难和挑战。每当孩子因为觉得辛苦或者遇到困难想要放弃的时候，作为父母，切勿顺从孩子的心意支持孩子放弃，否则孩子就会越来越懈怠，以后不管做什么事情都会知难而退，而不能鼓起信心和勇气迎难而上。事例中的妈妈做得非常好，先让孩子发泄受到挫折和打击的情绪，紧接着采取适宜的方式支持和帮助孩子坚持练习，直到孩子有所进步，最终能够独立完成动作，妈妈又表扬和鼓励孩子，激励孩子更加勤奋练习。正是在妈妈的陪伴下，孩子才能从没有自信到建立自信，最终自信心变得越来越强，也让很多的难题都迎刃而解。

自信是孩子人生的翅膀，孩子只有拥有自信，在生命中才会有更好的状态呈现出来，也才能在成长过程中遇到各种情况的时候，始终坚定不移勇往直前。作为父母，固然希望孩子能够表现出坚强自信的样子，然而，这不是父母一厢情愿就能实现的，而是要把这样的期望贯穿在培养和教育孩子的过程中，从点点滴滴处入手引导孩子形成坚强的信念，拥有强大的内心。

要想培养孩子的自信，父母首先要了解自信是什么，唯有对自信进行深入的了解和剖析，父母在培养孩子的过程中才能

085

事半功倍。所谓自信，从本质上而言，就是孩子相信自己能够主宰和驾驭自己，能够调动自己的智慧，发展自身的行为，战胜生活中的各种挑战和磨难。拥有自信的孩子，不管是在学习方面，还是在解决生活难题方面，都具有更强的动力和能力，也会开动脑筋想方设法战胜困难。在诸如分享、合作、挑战、社交等方面，自信的孩子均会有更好的表现，也获得更加快速的进步和成长。

当然，自信的品质并非与生俱来的，而是在后天成长的过程中培养出来的。每当看到孩子不够自信，作为父母切勿批评和否定孩子，也不要声色俱厉地训斥孩子，而是要有足够的耐心去陪伴和引导孩子，也要多多认可和赞赏孩子，激励孩子，这样才能循序渐进帮助孩子建立自信，也给予孩子更多的信心和勇气面对成长。

培养孩子自信的方式有很多，很多父母会郑重其事地在特定的时间里鼓励孩子，其实，自信的培养要渗透在生活中的方方面面、点点滴滴之中，例如，除了在孩子遇到困难的时候鼓励孩子之外，在日常生活中，父母也不要为孩子全权代劳，而是要给孩子安排特定的任务，让孩子承担起相应的责任，这样能促使孩子产生主人翁意识，内心也会变得更加强大。此外，在夸赞孩子的时候，不要总是夸赞孩子聪明或者漂亮，因为这些品质都是孩子不费力气就能得到的，而是要夸赞孩子努力勤奋，也要夸赞孩子经过努力可以更加进步和优化的方面。唯有

第 06 章　培养宝宝好性格：性格好的孩子命运自然差不了

如此，才能有效激励孩子不断进步，也才能让孩子逐步认识到努力可以成就更好的自己。这样孩子才会有更强大的内心，也才会更加自信。

安全感让孩子远离焦虑

每一个父母送给孩子的最好礼物就是安全感，不管是襁褓之中的婴儿，还是无忧无虑的幼儿，抑或是儿童、少年，甚至是成人，都需要安全感，内心才能更加踏实和安定。如果缺乏安全感，就会导致焦虑、紧张、抑郁等负面情绪丛生，自然无法在生命历程中有更好的表现。作为父母，一定要帮助孩子建立安全感，这样孩子才能相信自己和他人，也才能更加从容面对成长。

从心理学的角度而言，孩子安全感的本质就是信任感，具体而言，安全感是由三个方面构成的。第一方面是孩子对他人的信任，有安全感的孩子相信：只要我需要，他人就会保护我。这样的信任让孩子在面对很多情况的时候，都能保持内心的安定平和，有助于孩子保持平静的情绪。第二个方面是孩子对自己的信任。有安全感的孩子相信自己可以控制和照顾自己，包括对精神、身体都可以很好地掌控。第三个方面是孩子对环境的信任。有安全感的孩子相信自己所处的环境是安全的，因此他们可以自由自在地对周围的环境进行探索，也可以始终呈现出自信的状态，并且对于外部的世界始终充满好奇和探索欲。

在这三个方面的信任之中存在递进的关系，也就是说孩子是先信任他人，才能信任自己，最终信任环境。这里所说的他人并非指的是陌生人，而是孩子身边的亲人，如孩子的父母、祖辈等。这是因为新生儿呱呱坠地，并没有照顾自己的能力，必须依靠亲人无微不至的照顾才能更好地生存，为此他们先是信任亲人，才能获得安全感。作为父母，最需要告诉孩子的一句话就是"宝贝，别害怕，不管什么时候，我都会在你身边照顾你"。有些父母不了解孩子的身心发展状态和心理需求，每当孩子不听话或者特别顽皮的时候，为了震慑和恐吓孩子，他们总是对孩子说"再不听话，妈妈（爸爸）就不要你了哦"，这样一来，孩子的内心会感到非常焦虑。有些父母还会在被气愤冲昏头脑的时候，把孩子推出家门外，不得不说，这都是对孩子不负责任的态度，必然导致孩子非常恐惧，失去安全感。

父母要知道帮助孩子建立安全感的正确顺序，也要意识到要想让孩子独立自信，就先要让孩子获得安全感。否则，如果在孩子缺乏安全感的情况下，就逼着孩子独立，则只会导致孩子内心紧张恐惧。记住，充分的安全感是孩子走向独立和自信的必经渠道，也是父母爱孩子的最好礼物。

有些父母发现孩子已经三岁多了，到了独立入园的阶段，

却依然非常黏人，动辄就会哭泣吵闹，还误以为是孩子性格原因导致的。其实，这就是孩子缺乏安全感的典型表现，他们对于自己、亲人和周围的环境充满恐惧，如何能够让自己在独立方面有更好的表现呢？

具体而言，父母要想帮助孩子建立安全感，需要做到以下几点。首先，每当孩子向父母求助或者和父母沟通的时候，父母一定要积极给予孩子回应。有些父母高兴了就回应孩子，不耐烦了就对孩子一声不吭，这样反复无常的表现会让孩子不停地揣测父母的心态，对于父母产生怀疑，不利于安全感的形成。其次，很多父母都存在误解，觉得孩子在五岁之前，不需要和父母一起成长，为此他们会把孩子送回老家给爷爷奶奶照顾，而等到孩子需要上小学的时候，才把孩子接到身边。实际上，0~3岁正是孩子形成安全感的关键时期，也是孩子性格成型的关键时期。在这个阶段，父母要多多陪伴孩子，给予孩子更多的关爱，孩子才能形成安全感，性格发展也才会更加完善。父母要知道，工作是永远做不完的，钱也是永远赚不完的，而孩子的成长过程是不可逆的。最后，父母要经常和孩子进行肢体接触。实际上对于婴儿或者幼儿来说，不管父母怎样宠爱他们，坚持抱着他们，都是不为过的。亲密的肢体接触可以让孩子的内心更加平和安宁，对于孩子来说，与父母的肢体接触就像是他们在进行充电一样，会让他们积蓄更多的安全感，让他们远离恐惧和焦虑。

每个孩子都是独特的生命个体，作为父母，帮助孩子建立安全感的方式除了要遵循上述三点原则之外，还可以根据孩子自身的特点进行调整和完善，只要能帮助孩子获得足够安全感的方式，都是良好且有效的方式，是值得大力提倡和推荐的。现代社会，随着网络的发展和智能手机的普及，导致很多人都变成低头族，总是看着手机。有些父母哪怕在陪伴孩子的时候也总是盯着手机看，重则导致监管不力孩子受到伤害，轻则降低陪伴孩子的质量，使得陪伴徒有其表，而没有更深层次的交流和精神的构建。作为父母，一定要放下手机，给予孩子高质量的陪伴，这才是对孩子成长负责的态度，也必然会在全身心投入陪伴孩子之后，得到孩子的回报。

当好妈妈，才能给予孩子安全感

作为一个全职妈妈，在别人眼中，小敏不用奔波忙碌地工作，也无需看同事或者老板的脸色，只需要在家里相夫教子，照顾好孩子，再做饭，就圆满实现了对家庭的责任，这简直是很多女人都梦想的人生状态啊。也许，和那些既要工作又要照顾孩子的妈妈相比，小敏的确是相对轻松的，但是只有她自己知道，在饭菜刚刚做好就被孩子打翻在地的时候，在不管怎么严厉训斥孩子都听若未闻的时候，有多么崩溃。她一次又一次地问自己："为何我全职当妈妈，都不能把妈妈做好呢？"

其实，小敏这样的状态是很多全职妈妈都曾经遭遇过的。她们以为自己放下工作，放弃自我，全心全意来照顾孩子，就一定能够把孩子照顾好，也可以让孩子在成长中有出类拔萃的表现。正是基于这样的心态，她们不知不觉就会走向两个极端，一方面会纵容孩子，放松对孩子的要求，忽略为孩子制定规则，而觉得自己有很多的时间收拾家里，随时随地给孩子做饭吃，就对孩子疏于管教。在另一个极端中，她们不知不觉间提升了对孩子的要求，对孩子的管教面面俱到，滴水不漏，甚至压迫到孩子生存的空间，从来不给孩子任何自由。这样一来，孩子随着不断地成长，未免会产生反抗意识，也会感到生存环境的窒息。

在这样的两个极端之下，妈妈都无法与孩子更好地相处，这是因为她们没有把握好和孩子相处的度，也没有坚持为孩子制定规则。当孩子在失控的教育环境中成长，可想而知他们的成长过程中也必然是混乱的。

如何才能教育好孩子呢？这是每一个妈妈都曾用心思考的问题，也是每一个妈妈都急需解决的问题。与此同时，也有太多的妈妈被这个问题困扰住，根本不知道如何更好地教育孩子。

古诗云，不识庐山真面目，只缘身在此山中。妈妈们之所以被教育孩子的问题困顿住，正是因为她们置身于教育之中，一心一意只想要管教和纠正孩子，而忽略了要想给予孩子更好的引导和帮助，妈妈首先要做好自己。如果妈妈对于人生就是迷惘的、困惑的，对于生活也始终处于茫然无助的状态，又要如何教育和引导孩子呢？

有些妈妈每当看到孩子特别调皮不听指挥的时候，就警告孩子"我会把你的行为都告诉爸爸，让爸爸来收拾你"。试问，这样的方法真的有用吗？如果一个司机在驾驶的过程中把方向盘交给了别人，那么就无法继续掌控这辆汽车。同样的道理，如果作为孩子的教育者把教育的责任、权利和义务都交给了他人，那么对于孩子也就不能继续引导和帮助。妈妈这样的话就相当于是在推卸责任，或者是在无奈之余进行逃避。孩子虽然年幼，也许无法进行这样一番精辟的分析，但是却会感觉到妈妈的无可奈何，为此当然不会对妈妈言听计从。

也有些妈妈在管教孩子没有效果的情况下，和孩子发生激烈的冲突，甚至崩溃地大哭。不得不说，当妈妈的情绪传染给孩子，非但不能引导孩子恢复理性，反而会影响和感染孩子的情绪，导致孩子也崩溃。

正如曾经有教育专家所说的，对于孩子而言，最好的父母是坚定和善的父母，任何时候都能对孩子坚持原则，也在孩子需要支持和援助的时候，竭尽所能帮助孩子，让孩子感受到来自父母的力量、支持和信任，从而获得更多的安全感。

身体要疏远，心灵要亲近

甜甜是一个很独立的孩子，从小就在爸爸妈妈大床旁的小床上独立入睡，到了4岁，直接独立睡在一个房间里。她的自理能力很强，1岁就能自己吃饭，4岁就能自己穿脱衣服，还会叠被子。在进入幼儿园的时候，其他小朋友都适应了很长的时间，唯独甜甜适应非常快，也深受老师的喜爱。在新生入园以分享为主题的家长会上，老师要请甜甜妈妈分享育儿经验呢！

妈妈分享道："其实，我是一个'懒惰'的妈妈。在孩子有能力做一些事情的第一时间，我就对孩子放手，不会再代替孩子去做。正是因为如此，甜甜从小就要做力所能及的事情。有的时候，老人也会抱怨我什么都让孩子干，我认为让孩子多做一些事情是没错的。俗话说，不经历无以成经验，孩子只有亲自去做，才能积累相关的经验，也才能让自己有更大的进步。"针对甜甜妈妈的发言，有的父母提出异议：如果这样锻炼孩子，孩子虽然更加独立，是否会在感情上与父母疏远呢？这个问题提得很好，甜甜妈妈说："我的确想过这个问题，后来发现，父母可以在身体上疏远孩子，也就是让孩子做力所能及的事情，但是在心灵上要亲近孩子。随着不断地成长，孩子的自理能力必然越来越强，原本很多需要依赖父母去完成的事情，他们可以独立完成了。在这种情况下，父母要渐渐地转变教育观念和角色，从行为辅助孩子转化为从心灵上陪伴和滋养孩子。这样一来，父母就能成为孩子心灵的引导者，反而在精神上与孩子更加亲近。"台下的家长们都对甜甜妈妈竖起大拇指。

甜甜妈妈说得很对，孩子不断成长的过程，就是在行为上越来越独立的过程。在此期间，不管父母是否愿意，孩子各方面的能力都在持续发展，从新生时完全依赖父母，到渐渐地可以独立生活，孩子就实现了成长的蜕变。在此过程中，孩子需要适应，父母也需要适应。很多父母看到孩子不再像之前那样需要自己，往往会觉得非常失落，如果父母能够实现角色的转变，从孩子的照顾者变成孩子的引导者，陪伴孩子一起经历心灵的成长与成熟，则就能够和孩子建立如同朋友一般的关系，始终都与孩子在精神和感情上相互依存，相互支持，相互温暖。这无疑是亲子关系最好的状态。

那么，父母如何与孩子建立心理上的亲密关系呢？有心的父母会发现，如果孩子感受到父母的爱和信任，也回报给父母爱与信任，则哪怕孩子进入叛逆期，也不会和父母成为敌人，反而会在面临各种成长困惑和烦恼的时候，更愿意向父母求教。由此可见，父母首先要表达对孩子的尊重、理解和爱，要信任孩子，这样才能得到孩子同样的对待。如果父母总是把自己和孩子放在对立面，则对于孩子的成长是非常不利的。有些父母总是抱怨孩子越是长大越是难以管教，就是因为没有与孩子建立心理上的亲密关系。

需要注意区分的是，建立在心理上的亲密关系，与在生活中培养孩子的独立性并不是相互矛盾的，这两者之间反而存在相辅相成的关系。举例而言，孩子在精神和情感上得到满足，也获得了充分的满足感，则情绪发展就会很好，心智发育也会更加完善。在这种情况下，孩子变得更加勇敢坚强，也喜欢独立，所以他们行为上的独立性就会更好。反之，如果父母在抚养孩子的过程中没有行为边界，忽略对于孩子内心的关注，只是照顾孩子的吃喝拉撒，而不重视和孩子建立心理上的亲密关系，则孩子就会感到非常困惑。举例而言，一岁多的孩子已经可以独立吃饭，他们不止一次想要从父母手中拿过勺子，但是父母总觉得孩子会把食物弄得到处都是，因而禁止孩子独立吃饭。在这样的过程中，孩子在行为上的能力不能快速发展，而父母又忽略了对孩子的心理建设，则孩子渐渐地就会养成凡事都依赖父母、精神上非常孱弱的表现。这样的教育对于孩子并不能起到有效的帮助作用，反而会导致事与愿违。

作为父母，要想培养出行为上独立，精神上与父母亲密的孩子，就一定要先区分清楚行为独立与精神亲密之间的辩证关系，这样才能引导和教育孩子，也让孩子的成长事半功倍。有些父母总是舍不得对孩子放手，在亲子教育中，不但孩子需要断奶，父母也同样需要断奶。作为父母要意识到，只有及时对孩子放手，才能给孩子更为广阔的天空去成长，也才能让孩

跟幼儿园教师学早教

子真正强大起来。爸爸妈妈们，如果不想让孩子变成"妈宝男"，或者沾染一身公主病，从现在开始就对孩子放手吧！

孩子为何会有分离焦虑的表现

每年九月份，都会有一批小不点进入幼儿园开始集体生活。如果你路过幼儿园附近，就会看到一番奇怪的景象：有年轻的妈妈红着眼圈站在幼儿园外面心神不宁地走来走去，有爷爷奶奶不顾及老胳膊老腿趴在幼儿园的围墙上探头探脑，还有带着望远镜在靠近幼儿园的居民楼上"监视"幼儿园的……这些人到底怎么了？如果你也经历过孩子进入幼儿园的阶段，你就能理解这些紧张焦虑的家长们；如果你家孩子还没有进入幼儿园，那么恭喜你，这样见识下孩子进入幼儿园的壮观景象，你正好可以提前做好心理准备呢。

让很多父母都特别揪心的是，孩子在最初入园的那几天，哭得撕心裂肺。每个孩子的表现各不相同，有的孩子一边哭一边跟着妈妈朝着幼儿园走去，有的孩子一边哭一边撅着屁股，不愿意再朝前走一步，甚至还会和爸爸妈妈、老师厮打。就算是已经到了教室的门口，他们也有可能扒拉着教室的门，不愿意再朝里走一步。看到孩子这样，原本就和孩子一样有分离焦虑的父母，特别是那个一直以来负责照顾孩子的人，肯定会感

096

第06章 培养宝宝好性格：性格好的孩子命运自然差不了

到内心更加担忧，生怕孩子在幼儿园里一直哭，又怕孩子在幼儿园里不能独立如厕，吃不好，喝不好，虽然人在家里或者正在工作，心却早就跟着孩子进了幼儿园。

相比起这些入园难的孩子，有些孩子进入幼儿园适应很顺利，也许会哭几天，但是闹得没有那么厉害。在爸爸妈妈告诉他们"等你在幼儿园里吃了午饭，睡醒午觉，再玩一会儿，爸爸妈妈就会接你回家"之后，他们意识到自己必须去幼儿园，也就从理性上接受了去幼儿园的事实。这种情况下，父母再对孩子进行安抚和引导，孩子适应幼儿园的过程就会更加顺利。

通常情况下，孩子之所以会有入园焦虑的表现，是因为他们一直以来都和照顾者在一起，从未分离过。为了提前做好孩子入园的准备，照顾者应该在日常陪伴孩子的过程中经常与孩子进行短暂的分离，然后在约定的时间内回到孩子身边。当孩子意识到爸爸妈妈就算暂时离开自己，也会准时回来，而且说不定还会给自己带来小礼物等，他们就会非常高兴，也会渐渐地摆脱焦虑，把父母的离开当成是家常便饭。

尤其需要注意的一点是，父母在发现孩子很黏人之后，切勿在孩子一不留神的时候悄悄从孩子身边溜走，这会让此前辛苦建立的安全感瞬间崩塌，导致的后果就是孩子在看到父母的时候会更加黏着父母，表现出过度的紧张焦虑。

父母要帮助孩子从正面接受分离，如建立一个告别的形式，在上班之前让孩子送自己到家门口，还可以和孩子亲亲或

097

者抱抱等。当告别形式固定下来，在进行完形式之后，孩子就能从理性上认识到父母要离开。另外，父母在对孩子进行分离训练的时候，分离的时间应该逐渐延长。一开始，要让孩子知道父母会在承诺的时间里准时回来，不要让孩子经历太长时间的等待，否则也会伤害孩子的安全感。当然，每个孩子的脾气秉性各不相同。作为父母，也要从自家孩子的特点出发，采取适宜的方法对待孩子，而不要生搬硬套所谓专家的方法。正如一位名人所说的，不管是黑猫还是白猫，只要能够抓住老鼠的就是好猫。同样的道理，不管采取怎样的方式帮助孩子缓解分离焦虑，只要能起到良好的作用和效果，就是成功的方法。

台湾作家龙应台说过，所谓父母子女一场的缘分，就是作为父母的看着子女渐行渐远的背影。作为父母，固然要爱孩子，却不要因为爱而限制和禁锢了孩子的成长，更不要打着爱的名义和旗号把孩子捆绑在自己的身边。父母要学会退出孩子的成长，从台前一手操持，到作为孩子最坚强的后盾默默地存在。父母要学会不遗余力地帮助孩子，送孩子一程又一程，也要学会放手孩子策马扬鞭，让孩子去自己的人生天地里纵横驰骋。

第 07 章

培养宝宝好习惯：好习惯决定孩子的一生

有人说，好习惯决定人生，其实是有道理的。习惯的力量非常强大，而且是无形的，让人在不知不觉之间就做出特定的举动。从这个意义上来说，习惯的力量会使人无法抗拒。由此可见，坏习惯不知不觉毁掉人生，而好习惯则能够让人生发生改变，推动人生不断地前行，直到到达成功的彼岸。

一口好牙齿是孩子的福气

每天刷牙的时候，都是妈妈和乐乐展开大战的时刻，这是因为乐乐总是不喜欢刷牙，而且常常会偷奸耍滑避开刷牙。妈妈当然知道保护好牙齿对于孩子的重要性，为此每天都会不遗余力、尽职尽责地督促乐乐刷牙，哪怕乐乐哭闹或者逃避，妈妈也总是当即就把乐乐揪住，绝不允许乐乐逃跑。

今天上幼儿园，乐乐又迟到了，原因就是他刷牙的时候耽误了太长的时间。一开始是想要逃避，不想刷牙，后来看没法逃避，就开始拿着牙刷磨洋工，磨磨蹭蹭用了很长时间才把牙齿刷干净。为了让乐乐从被动刷牙到主动刷牙，妈妈想出了各种办法却都没有好的效果。有一天，妈妈听到同事说儿童医院口腔科人满为患之后，当即想出一个好办法。妈妈也挂了号带着乐乐去看牙，实际上是想让乐乐看看那些牙齿坏了的小朋友多么痛苦，顺便还想给懈怠刷牙的乐乐做个乳牙窝沟封闭。果然，到了口腔科，看着有个小朋友在拔牙，乐乐紧张得把眼睛闭上扑在妈妈怀里。妈妈趁此机会教育乐乐："那个小朋友就是因为爱吃糖，还不愿意刷牙，所以导致牙齿坏了，只能拔掉。你要是不好好刷牙，牙齿也会坏掉，知道吗？"听了妈妈的话，乐乐连连点头。也许是因为白天在口腔科接受的刺激太强烈，回到家里，晚上睡觉的时候，乐乐半夜里哭醒，原来他梦见自己也需要拔牙了。妈妈安抚乐乐："乐乐刷牙这么认真，牙齿保护这么好，不需要拔牙的。不过，接下来还要认真刷牙，好吗？"此时的乐乐对妈妈言听计从，恨不得大半夜不睡觉起床刷牙呢！

很多父母想方设法督促孩子刷牙，孩子并不愿意配合。这是因为孩子只是凭着父母一面之词，不能相信如果牙齿坏掉，需要拔牙，更无法感受看牙医的痛苦。乐乐的妈妈非常聪明，她想出这个好办法让乐乐亲眼见识拔牙的痛苦，也亲身感受看牙医的感觉，这样一来，他才能把拔牙的事情放在心上，而不敢疏忽懈怠。

有一口健康的牙齿，是孩子的福气，只有牙齿好，才能吃嘛嘛香。可以说，如果牙齿不好，就会影响孩子的营养摄入，也会影响孩子的身体发育。作为父母，切勿由着孩子按照自己的想法去逃避刷牙，而是要坚持原则，也要讲究方式方法，才能真正说服孩子把牙齿刷干净，远离龋齿。

年幼的孩子常常觉得刷牙枯燥乏味，这也是他们不愿意刷牙的重要原因之一。作为父母，要想出各种办法让孩子爱上刷牙，例如，可以为孩子准备一个沙漏计算刷牙的时间，可以为孩子准备一些可爱造型的牙刷和孩子喜爱的水果味道的牙膏。有的时候，全家人还可以展开比赛，看看谁能把牙齿刷得又快又好又干净。父母想的办法越多越有趣，孩子就会越是喜欢刷牙，也会真正爱上刷牙。

跟幼儿园教师学早教

对于正处于叛逆期的孩子来说，他们还有可能本身并不排斥和反感刷牙，而只是不喜欢被父母喝令刷牙的感觉而已。如果孩子的确产生叛逆，父母就要避免更加严格控制孩子，而是可以把刷牙的权利交还给孩子。这样一来，孩子就会从被父母强迫做，到积极主动去做，他们表现出来的状态将会截然不同。

刷牙关系到孩子的身体健康，也关系到孩子好习惯的养成，父母切勿掉以轻心，而是要坚持原则引导孩子做得更好，也让孩子真正养成每天按时刷牙的好习惯。

孩子可以独立如厕了吗

甜甜正在读幼儿园小班，因为在入园之前的准备做得非常好，所以进入幼儿园之后她适应很快，能够独立吃饭、穿脱衣服和睡觉，也能独立如厕。和甜甜相比，有些小朋友的表现就没有那么好了，他们独立能力很差，吃饭需要老师喂，如厕也需要老师的密切帮助和配合。到了初冬，天气渐渐转凉，有一天，班级里居然有个小朋友尿湿了六条裤子，老师不得不用吹风机把他的裤子吹干净，他才有裤子可以换。这一天，还有其他几个小朋友也发生尿裤子的情况，简直把老师忙坏了。

等到孩子们都放学，老师不得不在班级群里紧急和家长们

102

联系："各位爸爸妈妈们，现在天气冷了，孩子小便多了，有些孩子很容易尿湿裤子。请相关家长多给孩子带几条裤子，并且在家里要加紧训练孩子独立如厕的能力，以免孩子在幼儿园里尿湿裤子，频繁更换裤子，容易着凉。"

何为独立如厕能力？从狭义的角度而言，就是孩子们能够在没有帮助的情况下去厕所大小便的能力，从广义的角度来说，也包括孩子们想去厕所的时候能够主动告诉老师，从而提前如厕，以免因为着急而尿湿裤子。很多孩子在幼儿园里尿湿裤子，有相当一部分原因是因为害怕老师，在想去厕所的时候不敢告诉老师，而只能自己憋着。这样的情况下，一旦憋不住，孩子就会尿裤子。也有的孩子是因为腿部力量比较弱，不能蹲学校里的蹲坑，为此上厕所必须有老师配合。一旦老师有所延误，孩子就会尿到裤子里。前一种情况下，父母要重点告诉孩子大胆和老师沟通，后一种情况下，一则要寻求老师的帮助，二则也要在家里加紧对孩子展开独立如厕训练。

那么，从专业的角度而言，孩子什么时候可以独立如厕呢？众所周知，孩子的成长有自身的节奏，父母不要对孩子过于强求，也不要因为心急就给孩子很大的压力。在进入幼儿园前半年，就对孩子进行如厕训练，是最好的时机。这个阶段孩子两岁半到三岁多，力量增强，理解能力和表达能力都得以提升，如厕训练开展会比较顺利。

如今，有一些父母会给新生儿把尿，并且说这样孩子就会养成排尿的好习惯。其实有育儿专家指出，这样把尿不利于孩子的骨骼发育，而且对于将来训练孩子独立如厕没有好处。在美国，儿科学会专门对孩子独立如厕进行过研究，整理出开展独立如厕的指标。作为父母，在发现孩子已经符合大多数指标的情况下，就可以对孩子开展独立如厕训练。美国儿科学会的独立如厕指标有以下八点。

①每次小便的间隔时间能超过两个小时，或者孩子在午休之后醒来，并没有在纸尿裤上排便。

②孩子不能忍受脏了的纸尿裤，会在排便之后主动要求爸爸妈妈为他更换纸尿裤。

③孩子从小时候不喜欢穿内裤，到现在积极要求穿内裤。

④孩子很喜欢使用坐便器。

⑤孩子的大便成形，而且很有规律，会在固定的时间排出大便。

⑥孩子能够接受父母的简答指令。

⑦孩子的表情非常丰富，姿势也很独特，会用表情和姿势表示自己正在排便。

⑧孩子能够独立穿脱裤子。

当孩子符合这些指标的时候，则意味着他们已经具备了开展如厕训练的必要条件，在这种情况下，父母可以对孩子进行如厕训练。每个孩子达到如厕训练指标的时间有早有晚，这是因为每个孩子的发展和发育情况不同。作为父母，不要因为孩

子迟迟不能符合指标就心急如焚，或者在孩子还没有充分准备的情况下就强迫要求孩子独立如厕，这只会导致孩子更加紧张且缺乏耐心。

通常情况下，孩子们在两岁到三岁之间具备独立如厕的条件，作为父母，要始终认真观察孩子的成长和变化，才能抓住孩子做各种事情和进行各种能力训练的好时机。需要注意的是，不要过早对孩子进行独立如厕训练，否则孩子的自信心会受到挫败和打击，甚至没有信心继续进行训练。如果父母发现孩子在其中一两项指标始终不能达到，也可以帮助孩子进行提升。记住，等待最佳的时机并非是被动的，有意识地提升孩子在某个方面的能力，就是化被动为主动，就是迎接独立如厕训练的到来。

帮助孩子养成早睡早起的好习惯

每天晚上要睡觉的时候，妈妈就要和乐乐进行一番大战，这是因为乐乐很贪玩，即使到了该睡觉的时候，他也总是不愿意去被窝里，更不愿意睡觉。在给乐乐洗漱完之后，看到乐乐挨个房间跑来跑去，就是不愿意上床，妈妈总是很抓狂，恨不得第一时间就把乐乐抓到卧室，摁在床上睡觉。但是，既然把乐乐捆在床上是不可能的，那么如何才能让乐乐乖乖地躺在床上睡觉呢？这个问题让妈妈很头疼。

相信在很多的家庭里，每当到了晚上需要睡觉的时候，父母总会与孩子"开战"。很多父母简直怀疑孩子是夜猫子变的，否则为何一旦到了晚上就会精神抖擞呢？为此，有些父母对孩子采取强制手段，导致孩子心情郁郁寡欢，甚至一边哭着一边入睡，有的时候睡着了还会哭醒。不得不说，这是父母给孩子的情绪刺激太强烈了，才会导致孩子睡眠不安稳。明智的父母知道，让孩子睡觉固然重要，帮助孩子保持良好的情绪状态，带着微笑入睡是更重要的。如果为了让孩子早早入睡，就牺牲了孩子的快乐和安眠，这显然是得不偿失的。

从本质上而言，睡眠的能力是可以培养的，最糟糕的是父母错误的做法给孩子带来心理阴影，导致孩子一旦要睡觉就会想起不愉快的事情，为此对睡眠产生恐惧和抵触。显而易见，在这样的情况下，让孩子爱上睡觉简直难上加难。

很多孩子晚上特别精神，不愿意早睡，最根本的原因就是他们不困。有过带孩子经验的父母都知道，要想让孩子晚上乖乖入睡，前提是孩子在白天的生活和作息非常有规律。有些孩子一旦睡午觉就会睡得昏天暗地，不睡到傍晚时分不肯起来。殊不知，人需要睡眠就像需要吃饭喝水一样，如果已经吃饱喝足，还如何能继续胡吃海塞呢？父母要想让孩子睡觉，就要控制其午睡的时间，既不要让孩子午睡太迟，也不要让孩子午睡时间太长，否则孩子到了夜晚根本不困。

第07章 培养宝宝好习惯：好习惯决定孩子的一生

其次，要为孩子营造良好的睡眠环境。很多父母只为孩子规定晚上睡觉的时间，而自己却开着电视看。整个家庭就像是一个小的团体，对于孩子而言，父母只许州官放火不许百姓点灯的行为让他们非常反感，也会愤愤不平。此外，家里有声响、灯光和噪声，孩子根本无法入睡。作为父母，要想让孩子早睡，就要和孩子统一生活节奏，在孩子入睡的时候，父母也要及时熄灯入睡，在全家静悄悄的状态下，孩子很容易进入睡眠状态。

当孩子习惯了早睡，早起的难题也就迎刃而解。每个人需要的睡眠时间都是有限的，孩子需要10个小时的睡眠可以自然醒，但是孩子前一天深夜12点才入睡，则次日就要到10点钟才能自然醒。显而易见，10点再起床去幼儿园已经太迟了，为了让孩子能够早起，父母要把孩子的入睡时间调整到晚上9点钟，这样一来，孩子次日7点钟就能自然醒，去幼儿园正好准时。这样的调整下，孩子的绝对睡眠时间并没有改变，而是让作息更有规律，更符合幼儿园的作息时间安排。由此可见，早睡的好处非常多，还是解决早起问题的前提条件呢！

不管采取怎样的方式让孩子入睡，父母都要给孩子营造爱的氛围和温暖的家庭环境，让孩子能够带着笑意入睡，也让孩子能够在香甜的睡眠中使身心都得到放松，让自己更加茁壮地成长！

107

孩子为何总是粗心呢

从很小的时候，乐乐就表现出对于细小事物的关注，如对于掉落在地上的米粒，在草丛中搬家的蚂蚁，床铺上的一根细细的头发丝等。往往妈妈还没有留意到这些东西，乐乐就把这些东西都看在眼睛里，也都用两个肥嘟嘟的手指捏起来。为此，妈妈常常调侃乐乐是个垃圾大王，对于这些琐碎垃圾的兴趣远远超过了对玩具的兴趣。

妈妈把乐乐的这些表现说给一位教育心理学的专家听，专家说："乐乐这可不是对垃圾感兴趣，而是对细节开始敏感。你一定要保护好孩子的敏感性，在孩子对于这些小事物表现出关注和投入的时候，最好不要打扰他，否则将来他的专注力就会受到影响。"妈妈没想到在乐乐这种让人啼笑皆非的行为背后，居然隐藏着这么严肃的心理学原理，当即对专家连连点头，表示一定要保护好乐乐的专注力。在妈妈的努力下，乐乐不断地成长，成为了一个认真细致的孩子。在生活中，他总是能留意到妈妈不曾关注的细节，而且表现出很强大的学习力。

对细节敏感，到底对孩子的成长有什么好处呢？举个简单的例子说，在学习数字6和9的时候，很多孩子往往会混淆，关键之处就在于他们缺乏细节观察力，对于细节的感觉不够敏锐。还有的孩子在学习相似的生字时，也会产生混淆，把字的各个部位分开来重新组合成一个四不像的生字。显而易见，这会给孩子的学习带来很大的困扰。

家有学龄儿童的父母总是发愁孩子的粗心问题，而不知道孩子的粗心背后隐藏着什么原因。每当看到孩子考试的时候不是少写了一个0，就是把小数点放错了位置，父母简直抓狂。孩子为何如此粗心呢？从细节敏感的角度而言，在孩子们小时候形成专注力时，父母很有可能打扰了他们，分散了他们的注意力，使得他们对于应全身心投入去做的事情，三心二意，自然无法保证把事情做好。为此作为学龄前孩子的父母，在发现孩子突然喜欢长久地蹲在一个地方观察某个事物的时候，在发现孩子在做事情的过程中特别反感被打扰的时候，一定要敏感觉察到孩子到了细节观察期，也到了专注力的形成时期。在这个阶段，父母一定要注重培养孩子的细节观察力，支持孩子对于细节的探索，这样才有助于孩子形成很强的专注力，也才有助于孩子的成长和学习。

有些父母也许会说："我家孩子从来不喜欢关注那些不为人注意的细节啊。"的确，每个孩子的身心发展特点和规律不同，也许孩子还没到细节观察期，也许孩子只是性格比较粗犷，本身就大大咧咧的而已。没关系，专注力是可以培养的，对于细节的敏感也是可以提升的。父母只要有的放矢引导孩子更加关注细节，或者陪伴孩子一起去研究和观察细节，孩子就能够投入各种细致的事物中，感受到细节里美好和强大吸引力。

跟幼儿园教师学早教

　　为了帮助孩子形成专注力，父母在日常教养孩子的时候，还有很多细节可以做得更好。例如，不要一下子给孩子太多的玩具，而是可以给孩子一两件玩具，让孩子不管在玩哪个玩具的时候，都可以全心投入。对于相似的两个玩具，父母还可以引导孩子进行观察和比较，在用心观察之后，孩子对于细节就会越来越敏感，也更能够发现相似玩具中的各种不同。这样的训练可以循序渐进地进行，例如，当孩子对于细节的敏感度持续提升，则父母还可以引导孩子观察两张图片的细微不同，这对于孩子的眼力将会是更好的锻炼和提升。

　　父母教育孩子，未必是要在某个关键且重要的场合里对孩子展开长篇大论的说教，而是要把对孩子的关注和引导渗透到生活的点点滴滴之中，做到寓教于乐，寓教于生活。唯有如此，孩子的成长才会更加自然，也能够水到渠成。

不要太早让孩子看视频

　　可乐小时候是由保姆奶奶带大的，一直以来，妈妈都和保姆奶奶相处很愉快，非常尊重和照顾保姆奶奶。其实，妈妈之所以这么做，就是为了让保姆奶奶用心照顾可乐。果然，可乐长得白白胖胖，很活泼可爱。

　　3岁的可乐要入幼儿园了，妈妈带着可乐去妇幼保健站进

行入园前的体检。医生检查完可乐的眼睛后，对妈妈说："孩子有近视的倾向，接下来要多看远处，多在户外活动，这样有助于缓解眼部疲劳。"妈妈很惊讶："孩子这么小，怎么就有近视的倾向了呢？"医生问："孩子喜欢看手机吗？喜欢看电视吗？喜欢看电脑吗？这些电子产品都是伤害孩子视力的元凶，如果看得太多，还会影响孩子的智力发育呢！"妈妈想起每天傍晚下班回家，保姆奶奶都在做家务，而可乐则在看电视。

说起电子产品，尤其是手机，很多人第一时间就会想到苹果手机。那么，作为苹果曾经的掌门人，乔布斯是否会让他的孩子看手机或者平板电脑呢？当年，《纽约时报》的记者曾经问过乔布斯这个问题，没想到乔布斯的回答出人意料——"我不允许孩子使用电子产品。"乔布斯为何限制孩子使用电子产品呢？是因为他知道过多使用电子产品不但会损伤孩子的视力，而且对孩子的身心发育都没有好处。

当孩子过早过多地看视频，就会减少户外活动的时间，无法让身心得到健康发展。尤其是那些动漫片，更是会牢牢吸引孩子的注意力，导致孩子在看视频的过程中目不转睛，注意力也高度集中，脑部的活跃程度却很低。这样一来，孩子的语言发展能力、智力发展水平都会相对滞后，也有一些孩子一边吃饭一边看视频，又因为缺乏运动，而越来越肥胖。

曾经有心理学家经过研究发现，不管是成人还是孩子，在看视频的时候思维基本处于停滞状态。这是因为视频是光声色的全面展示，为此不需要孩子进行思维加工。和看视频相比，孩子在阅读绘本的时候，则需要调动感官，发挥想象力，通过阅读图片和文字在心中构建起一个相关的世界。这对于促进孩子的智力发育、激发孩子的想象力都是有很大好处的。

经常看视频的孩子，因为视频的信息良莠不齐，很容易受到负面的影响。长期看视频的孩子，性格还会变得急躁，做什么事情都缺乏耐心，只想在第一时间里毫不费劲就达到自己的目的。殊不知，世界上的事情从没有一蹴而就能获得成功的，作为父母，在教育孩子的时候要考虑全面，全方位着手引导和帮助孩子，而不要让孩子形成急躁的坏习惯。

当然，如今是信息社会，尤其是网络的发展和普及，使得家家户户都有电视电脑和手机。尤其是手机，已经成为大多数人都喜欢和擅长使用的通信工具，让人们可以随时随地地上网。有些父母为了让孩子能够保持安静，总是把手机给孩子看，却不知道手机的强光会导致孩子眼部的黄斑病变，就算是成人如果盯着手机看很长的时间，也会觉得眼神迷离，眼部干涩难受。有些家庭里，老人帮忙带养孩子，为了让孩子能够乖乖地坐着，老人往往会打开电视机给孩子看各种动画节目。正是这样错误的带养方式，使得如今幼年的孩子中患有近视眼的越来越多。

正如人们常说的，眼睛是心灵的窗口，作为父母，一定

要在孩子少不更事的时候，对孩子采取管教的措施，帮助孩子保护好眼睛。否则一旦形成真性近视，则孩子未来必须戴着眼镜，在生活中也有很多的不方便。在孩子两岁之前，作为父母，请让孩子远离电子产品，还给孩子一个充满大自然的鸟语花香的世界。在孩子两岁之后，或者更大一些，父母要合理控制好孩子使用电子产品的时间和频率，引导孩子对于电子产品采取正确的态度，把电子产品当成生活中的点缀。在小时候，孩子一旦养成良好的习惯，将来长大成人也不会过分依赖电子产品，被电子产品奴役，而是让电子产品为自己所用。

玩具多并不好

妈妈经过十月怀胎，好不容翘首期盼孩子来到这个世界上，轻松卸货之余，是拥抱着新生命的欣喜。初为人父人母，更是忍不住要为孩子买买买，随着孩子渐渐成长，也开始购买大量的玩具。等到孩子长大了，父母再回过头去看，不得不承认自己一时冲动为孩子买的很多玩具并没有给孩子带来快乐，也没有促使孩子成长，反而从买来之后就被压在玩具箱的最底部，从未有重见天日的时刻。

对于新手父母而言，犯错是在所难免的，正是在不断犯错和反省的过程中，新手父母才能积累更多的育儿经验，体会更多的育儿感悟，从而和孩子一起成长。面对着家里堆积如山的玩具，如果作为父母的你已经意识到这些玩具实在太多了，那么不妨对玩具来一场"断舍离"吧。有些父母舍不得，觉得玩具很贵，而且买回来才玩了一两次，甚至都没有玩过，那么就把这些玩具捐献出去，给更需要的人，也算是做了一件善事。有些父母能够下得了狠心，知道玩具虽然贵，房子的价格更贵，所以对于每个家庭成员而言最昂贵的是空间，为此也就能清除那些没有价值的玩具。

玩具少，对于孩子有什么好处呢？当孩子面对琳琅满目的玩具，他们总是像小猴子一样捡起来这个却丢掉了那个，最终看花了眼睛，根本不知道哪个玩具是最好的。也有的孩子看到玩具多，对玩具根本不珍惜，总是看两眼就丢掉，或者玩两下就抛弃。不得不说，这对于培养孩子的专注力没有任何好处，因为孩子几乎不能坚持玩一个玩具在半个小时以上。长此以往，孩子养成了注意力分散的坏习惯，专注力也越来越差。只有丢掉这些玩具，才能让孩子专注于手中的玩具，也把玩具开发出更多好玩的方法。

其次，一眼望去全是玩具，孩子所能做的就是拿起一个玩具看一看玩一玩，如果觉得不合适就丢掉。想想几十年前，作为70后、80后的这一代人，有个爸爸手工制作的小手枪就很好了，总是爱不释手。这是因为在玩具匮乏的年代里，孩子们只能通过想象力来充实自己对于玩具的玩法，充实自己的生活。

第 07 章 培养宝宝好习惯：好习惯决定孩子的一生

最后，玩具减少之后，孩子收拾玩具更容易，父母可以引导孩子养成爱收拾的好习惯，让孩子自己保持玩具箱的干净整洁。否则，玩具堆积如山，孩子哪怕想收拾玩具也心有余而力不足，在收拾的想法冒出来之后，他们很快就会把这个想法打压下去，彻底断了收拾玩具的念想。

减少玩具的好处是很多的，父母朋友们，在看到这里的时候，你们是否迫不及待想要对玩具来一场断舍离呢？当然，少买玩具并非不买玩具，对于孩子而言，玩具是很好的成长伙伴，是他们童年最美好的回忆。父母当然要为孩子购买玩具，只是不要盲目购买，也不要泛滥购买，而是要坚持少而精的原则，把玩具买得又少又好，从而对于孩子的成长起到积极的作用。

第 08 章
沟通能力培养：明明白白和孩子说话

父母要想培养孩子的沟通能力，就一定要明明白白与孩子说话，给孩子正确的语意传达，这样才能让孩子领悟父母的意思，从而更好地表达自己。语言沟通就是一来一往的过程，良好的沟通要建立在孩子具有理解力，也善于表达的基础之上。

表达清晰，才能对孩子传情达意

周末，爸爸妈妈都在家里休息，难得和默默在一起相处。爸爸侧躺在沙发上看电视，妈妈正在厨房做饭，奶奶看到爸爸妈妈都在家，就放假去串亲戚了，默默则独自在茶几旁边玩耍。正当默默玩得高兴，爸爸对默默说："默默，请帮我把书架上的书拿过来。"说完，爸爸就又扭头看电视，聚精会神的。默默接受到爸爸的指令，马上四处寻找小凳子。他找到小凳子之后，就踩着凳子开始当搬运工。只见他把书架中上层的书一本一本地拿下来，扔到地上，然后自己又从小凳子上下来，费劲地把这些书搬运到爸爸身边。就在各种各样的书本如同小山一样在爸爸身边堆积起来的时候，妈妈从厨房里出来吓了一跳，冲着默默喊道："默默，你在做什么呢？"默默被妈妈突然喊的这一声吓住了，当即解释："爸爸让我把书都给他。"

爸爸听到默默的这句话如梦初醒，说："啊，默默你喊我干嘛？"妈妈瞪大眼睛看着爸爸，说："这是你让默默干的好事？"爸爸一头雾水，根本不知道是怎么回事情："不是我让的啊？"默默委屈地说："爸爸让，爸爸让。"妈妈似乎知道问题所在，当即问爸爸："你是怎么命令默默的？"爸爸说："我让他把书架上的书拿给我，我说的是我每天看的那一本。"妈妈火冒三丈："你说的你看的那一本，默默知道吗？就算你告诉他是你看的那一本，他也不知道哪一本啊！要告诉他是红色封面那一本，他才有可能找到！真是的，你看看书架乱的。"

毫无疑问，这件事情的责任在爸爸身上。爸爸作为表达者当然知道自己想要看的是哪本书，他就误以为默默也知道，而且还放心地让默默去取。又为了看电视，他一直没有查看默默的情况，为此默默就踩着小板凳费劲地开始搬书柜。正是因为爸爸下达的指令不够明确，所以默默才会误解爸爸的话。

很多父母在和孩子沟通的时候，都会为孩子不听话而抓狂，实际上，孩子不是不听话，而是常常会因为父母表达不清晰而误解父母的话。作为父母，切勿理所当然认为孩子能够理解成人的思维和表达方式，而是要考虑到孩子的思维特点和父母不同，为此要采取有利于孩子理解的方式进行表达，从而促进亲子沟通和交流。

父母在给孩子分派任务之后，为了保证孩子执行任务到位，还要随时跟进孩子的进展，督促孩子努力认真完成，这样如果孩子对父母的话理解有偏差，父母就可以及时纠正孩子。而不必等到孩子犯错之后，再来督促孩子改正。任何事情，未雨绸缪总比亡羊补牢更好，因而父母和孩子沟通也要多多考虑孩子的身心发展特点，这样才能采取有效的方式提升与孩子沟通的效率。正如人们常说的，沟通是心与心之间的桥梁，亲子沟通和教育，也要建立在顺畅沟通的基础上，尤其是父母在孩子小的时候处于亲子关系的主导位置，更是要加强与孩子的沟通，保证对孩子所说的每句话都语意清晰，准确到位。

随便夸孩子真的好吗

爸爸妈妈总是夸小艾米聪明，小艾米一听到爸爸妈妈的夸奖就会非常高兴，也会沾沾自喜。有一个周末，爸爸妈妈带着小艾米去商场里玩，看到商场里临时搭建起一个儿童游乐设施。爸爸鼓励小艾米勇敢尝试，小艾米不敢，想要退缩，这个时候，爸爸故意说小艾米："你很胆小哦！"小艾米生气地喊道："我很聪明！聪明就是最棒的！"妈妈也引导小艾米："小艾米，这是勇敢者的游戏，你也来尝试一下，好不好？只要你能尝试，你就也是勇敢者。"小艾米沉思着，迟迟不愿意向前。

通过这件事情，爸爸妈妈意识到一个问题：夸赞孩子聪明，孩子并不需要做什么。在夸赞孩子的时候，一定要言之有据，能够起到激励孩子的作用，这样孩子才会改变。

有人说，好孩子都是夸出来的。这句话固然有道理，却并不适合套用在所有孩子的身上，也不适合用在孩子的各个方面。为此父母在夸奖孩子的时候，一定不要随意说孩子聪明，

第08章 沟通能力培养：明明白白和孩子说话

而是要带着激励的目的去夸奖孩子，这样可以通过夸奖的方式让孩子坚持进步和成长。

很多父母都特别喜欢夸孩子，还自称是奉承赏识教育的原则，开展教育活动。实际上，对于孩子的成长而言，固然需要父母的认可和赏识，却也需要得到父母的指点。如果父母总是表扬孩子，而从来不否定和提醒孩子在哪些方面可以做得更好，则渐渐地孩子就会自我感觉良好，变得狂妄自大。

俗话说，金无足赤，人无完人。尤其是孩子，更是需要在错误中成长，踩着错误的阶梯前进，这样才能持续地攀升。否则，如果孩子压根不知道自己哪里做错了，而是继续按照错误的方式去做，则只会导致错误越来越严重。

不可否认的是，父母的确需要夸赞孩子，却不能随便乱夸孩子。这是因为夸奖一旦泛滥，就会失去原有的效用。此外，如果夸奖不得法，不能把话说到孩子的心里去，则就无法让孩子听话，也无法真正打动孩子的心。具体而言，父母要夸孩子需要付出努力才能做到的事情，这样会激励孩子更上层楼；父母要夸奖孩子有些畏惧的事情，才能激发孩子的潜能，让孩子突破和超越自我。反之，对于孩子轻而易举就能做到的事情、本来就很喜欢的事情，父母只需要适度夸奖即可，而不要过度夸奖孩子，否则会让孩子沾沾自喜，也使孩子产生误解，觉得自己很容易就能得到夸奖。

在夸奖的过程中，还需要注意的是，不要总是把孩子和其

121

跟幼儿园教师学早教

他孩子进行比较。有些父母特别喜欢把孩子拿去和其他孩子比较，想要借此激励孩子不断地成长。殊不知，孩子虽然小，内心却是很敏感的，如果父母把孩子与其他孩子比较，非但不能激发孩子的好胜心，让孩子主动表现更好，反而会伤害孩子脆弱的自尊心，使得孩子内心失去平衡状态，不愿意继续努力。

总而言之，父母在夸孩子的时候一定要掌握方式方法，而不要不分青红皂白就胡乱夸奖孩子，更不要因为方式方法不恰当而起到事与愿违的效果。此外，过多的夸奖还会导致孩子失去正确认知自我的能力。从这个角度看，父母夸奖孩子一定要慎重、得法，才能让夸奖事半功倍，起到预期的效果。

漂亮女儿就该人人都夸

家有小美女，爸爸妈妈坚决禁止亲戚朋友们夸赞萌萌漂亮。每当发现身边的人有苗头要夸赞萌萌漂亮，爸爸或者妈妈就会赶紧制止。为何爸爸妈妈这么担心呢的？原来，妈妈曾经看过一篇文章，大概意思是说如果总是夸赞女孩漂亮，女孩就会特别在乎自己的容貌，渐渐地变成玻璃心，不能允许自己有任何瑕疵。

有一天，妈妈带着萌萌一起参加婚礼。那么多的宾客看到萌萌，都忍不住想要摸摸萌萌白嫩白嫩的脸蛋，嘴上还不停地

第08章 沟通能力培养：明明白白和孩子说话

说着："这是谁家孩子啊，长得跟个洋娃娃似的，真好看！"
妈妈在一旁赶紧说："不好看，不好看，鼻子不够高，眼睛也
不够大。"原本得到夸奖而神采奕奕的萌萌，眼神马上黯淡下
来。这时，有个宾客问妈妈："孩子这么漂亮，您为何非要说
她不漂亮呢？这会打击孩子的自信心，你看孩子多么失落。"
妈妈看到萌萌伤心的样子，这才意识到萌萌的确很失落。这位
宾客继续告诉妈妈："孩子真的很漂亮，你就要夸她漂亮啊。
否则您把她的优势都否定了，她还怎么获得快乐和自信呢？"
这位宾客一语惊醒妈妈，妈妈恍然大悟说："的确，你说得很
有道理，萌萌真的很漂亮！"

　　为了避免孩子过分重视容貌和长相，爸爸妈妈就不惜以
这样睁着眼睛说瞎话的方式来否定孩子的漂亮，可想而知，父
母原本是想保护孩子，结果却严重地打击了孩子的自信。明智
的父母既会正视孩子的缺点和不足，也会正视孩子的优势和长
处，真正做到有一说一，这样才是对孩子尊重和公平的态度。

　　有些父母对于漂亮的理解总是非常狭隘，他们觉得所谓
的漂亮就是爱慕虚荣，就是徒有其表，其实不然。在观看选美
比赛的时候，我们会发现那些选美小姐不但有着挺拔窈窕的身
材、美丽的容貌，而且有着非常和善的面孔，还有着渊博的知
识和不俗的谈吐。只有在这些方面都很优秀和突出的美丽女
孩，才能被选出，获得好的名次。由此可见，美丽和漂亮都不
仅仅局限于外表，而是更加注重内心。

123

父母如果有幸生出一个漂亮的女孩，一定要正视女孩的美丽，也要注重丰富女孩的内心。当女孩由内而外散发出美丽，则一定会成为父母的骄傲和自豪！父母尤其需要注意的是，越是对于年幼的孩子而言，他们越是非常依赖和信任父母。有些孩子年纪小，缺乏自我认知和评价的能力，在这种情况下，如果父母总是批评和否定孩子，则孩子就会对自己产生质疑，甚至直接认为自己就是父母所嫌恶的人。这样的自我判定对于孩子的成长是有很大坏处的，作为父母，切勿引导孩子产生这样的错误想法。父母的认可与赏识，对于孩子来说就像是阳光，能够驱散孩子天空中的阴霾，让孩子的心感受到温暖和希望。

从现在开始，父母就大胆地赞美漂亮的女孩吧！有的时候，哪怕父母说出一句漫不经心的赞美，也会让孩子记在心里，默默地欢喜很长的时间。当然，父母在培养女孩的时候，除了要赞美女孩的外表和形象之外，还要帮助女孩充实心灵，丰富感情，这样女孩的美丽才是由内而外散发出来的，也才能历久弥新，充满魅力。

给孩子爱的表达，传递更多爱意

一个平常的夜晚，练习舞蹈的基本动作之后，甜甜突然说自己饿了。妈妈有些费解："你晚餐的时候不是吃了很多东

第08章　沟通能力培养：明明白白和孩子说话

西吗？怎么这么快就饿了呢？"甜甜问妈妈："我可以吃一包巧克力豆吗？"妈妈说："不可以，巧克力都不能让你感觉饱。"甜甜坚持说："但是，我真的很想吃一包巧克力豆。"妈妈坚持说："晚上不能吃糖，否则虫子就会吃掉你的牙齿，你忘记咱们去医院看牙医了吗？"甜甜突然大哭起来："我就要吃巧克力豆。你是个坏妈妈，你再也不是我的妈妈了！"听着甜甜的指责，妈妈啼笑皆非。

　　孩子的心思很单纯，事例中的甜甜很有可能觉得，妈妈不让她吃巧克力豆，就是不爱她的表现。为此，她一则因为吃不到巧克力豆而生气，二则因为妈妈不爱自己而伤心，所以才会说妈妈是坏妈妈。如果妈妈能够改变一种方式，耐心询问甜甜为何想吃巧克力豆，也在甜甜合理解答之后能够破例允许她吃一次，则这个晚上，让甜甜满心欢喜和甜蜜的不仅有巧克力豆，而且还有妈妈的爱。看到这里，也许有的父母觉得不以为然：就是一包巧克力豆而已，就能告诉孩子我们的爱了吗？在成人眼睛里，这一包巧克力豆也许不代表什么，但是在孩子的眼睛里，这一包巧克力正代表着父母的爱。

　　和成人一样，孩子也会有情绪周期，常常莫名其妙地就想吃点儿什么，或者做些什么事情。父母要理解孩子的情绪改变，这样才能及时洞察孩子的心理状态和情绪感受，也能够恰到好处地关爱孩子。作为父母，固然要督促孩子遵守规则，但是规矩是死的，人是活的，在某些特殊的情况下适当地改变规

125

则、打破规则，恰恰可以让孩子们感受到父母的爱和包容。对于孩子而言，这是非常美妙的成长体验和人生经历，甚至会在漫长的一生里温暖他们的心灵。

每一个父母都宣称自己很爱孩子，而在真正和孩子相处的过程中，他们却并不知道如何表达对孩子的爱，更不知道具体要怎么做，才能让孩子感受到他们的爱。为此在很多的家庭生活中，父母和孩子之间都会上演一场大战，往往是父母很爱孩子，孩子却抱怨父母不爱孩子。有些孩子长时间不能接收到父母的爱，还会因此而缺乏安全感，也使得自身的情绪矛盾紧张、忧愁焦虑。这样一来，父母与孩子之间的亲子相处也就会陷入困境，变得举步维艰。

作为父母，也许自诩有着很多的责任和使命，要抚养孩子长大，要教育孩子成才成人。其实，在这些工作之前，父母还有一个当务之急需要圆满处理好，那就是不吝啬对孩子表达爱，向孩子传递更多的爱意。正如意大利教育家蒙台梭利所说的，爱与自由是父母给孩子的最好礼物。当父母给予孩子足够的爱，也能够真正尊重、理解和宽容孩子，则孩子就会获得最好的成长环境，也会健康快乐地成长。

每一个父母都不要吝啬对孩子表达爱，既要在语言上经常告诉孩子"我爱你"，也要在行动上经常给孩子传递饱含爱的信息。下班回家给孩子带的小礼物，偶尔破格和孩子一起疯狂地玩耍、嬉戏打闹，对于孩子而言都是非常好的情绪体验和感

受，也是有助于孩子健康快乐成长的。

你经常对孩子说"对不起"吗

前文说了父母爱的表达对孩子的成长至关重要，在这一篇里，我们就要探讨下父母是否要和孩子说"对不起"。看到"对不起"这三个字，相信很多父母马上就会反对："什么？居然要让我和孩子说对不起！我可是他的爸爸（妈妈）啊，这样和孩子道歉，如何在孩子面前树立权威，将来还怎么管教孩子呢？"

父母有这样的担心情有可原，毕竟每个父母都想在孩子面前充满权威，这样才能让自己对孩子说出的每句话都有分量。但是，说对不起就会被孩子藐视了吗？也许在孩子心中，有了错误却不能积极改正的父母，才是他们所不屑一顾的。作为父母，既然常常教育孩子要知错就改，主动勇敢地承认错误，那么父母本身当然也是要勇敢认错的，这样才能给孩子正确的示范，也对孩子起到积极的影响作用。反之，如果父母明知道自己做错了，却拒绝当着孩子的面认错，则孩子就会和父母学着拒绝承认错误，也会因此认为父母是不敢承认错误的胆小鬼。

由此可见，父母对孩子的榜样和示范作用，并不是那么容易就能做到的。每一个为人父母者，且不论对于孩子能否起到良好的教育作用，首先要严格要求自己，争取让自己做得更好，足以担任孩子的榜样和楷模。越是在犯错的情况下，真正内心强大的父母越是会当着孩子的面主动承认错误，积极改正错误，因为对于孩子而言这是最好的一课。

也有的父母在亲子相处中，因为各种因素导致伤害了孩子，却碍于父母的权威而不想和孩子道歉，生怕因此就助长了孩子的嚣张气焰，而灭了自己的威风。都说要尊重和平等对待孩子，但很多父母只是把这句话作为口号放在嘴上而已，根本没有真正把这句话落实和贯彻到行动上。

父母要知道，只对着孩子说出"我爱你"是远远不够的。人与人之间相处，难免会发生各种矛盾，父母和孩子也是如此。和孩子相比，父母虽然有着更高的智力水平，也有着更加丰富的人生经验，但是这并不意味着父母不会对孩子犯错，不会对孩子产生误解。当意识到自身的错误之后，父母一定要第一时间就和孩子道歉，诚挚地对孩子说"对不起"，这样才能赢得孩子的谅解，也让孩子切身感受到父母的尊重和平等对待。

当然，真正诚心诚意的道歉不止说一个"对不起"那么简单，这往往会让孩子觉得父母敷衍了事，不够真诚。在道歉的时候，父母还要向孩子阐明自己的错误，也直截了当地告诉孩子自己将会如何改进，从而避免类似的情况再次发生。这样的过程中，孩子潜移默化地受到父母的影响，也会成为一个勇敢承认错误且积极改正错误的人。

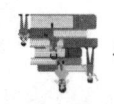

设身处地为孩子着想，才能与孩子共情

人和人相处，如果有共情作为基础，则可以更好地站在对方的立场上为对方着想，否则只是强求自己理解和体验对方的感受，却因为不是真正的当事人，很难感同身受。在亲子关系中，很多父母主观主义的倾向非常严重，他们甚至从未主动想过要理解孩子，而总是从自身的角度出发，先入为主地以为孩子能够理解父母的想法，也应该按照父母的意思去做各种事情。不得不说，这种自我意识超强的父母很难了解孩子、理解孩子，也很难与孩子之间产生心灵的共鸣，实现共情。

现代社会，越来越多的人意识到情商是比智商更重要的一个指数，也有很多父母意识到培养孩子情商的重要性。那么，具体来说，情商包括哪些方面的内容呢？我们必须深入认识情商，深度剖析情商，才能揭开情商的神秘面纱，更加恰到好处地运用情商，让情商对孩子的成长起到积极的作用。

具体而言，情商包括四个方面的内容：认知自我的情绪、管理自我的情绪、运用自我的情绪和感知他人的情绪。情商高的人不但了解自己情绪的状态，而且对于他人的情绪状态也会有所体察。因而，两个情商都很高的人相处是非常愉快的，而如果一个人情商高而另一个人情商很低，未免就会产生对牛弹琴的感觉。尤其需要注意的是，当两个人情商都很低的时候，交往起来往往举步维艰，就像他们之间缺乏润滑剂一样。

要想提升情商，就要培养孩子对于自身情绪的感知、管理和运用能力。当然，很多年幼的孩子未曾体验过那么多情绪，当务之急就是丰富自身的情绪体验，从而才能给自己更多的关注和照顾。当把自身的情绪问题处理好，孩子也就能平心静气地与其他人相处，从而处理好他人的情绪问题。

有人说，真正的强者是能够战胜自己、主宰和驾驭自己的人，其实就是在说强者要能够成为自身情绪的主人，而不要成为自身情绪的奴隶。在现实生活中，不管是孩子还是成人，总是会面对各种不如意，甚至要面对很多的坎坷挫折与磨难。在这种情况下，要想保持心情愉悦，一定要增强自身的力量控制情绪，疏通情绪问题，也让情绪变得更加理性。

前文说过，孩子的身心发展特点，决定了他们对于情绪的掌控能力很差，而现实生活中哪怕有小小的风吹草动，孩子的情绪也马上会波动。有些孩子不知道情绪为何物，每当情绪波澜起伏的时候，他们总是很恐惧，很害怕，更不知道应该如何面对。在这种情况下，父母要想帮助孩子，不要试图让孩子关闭情绪的阀门，而是要真正敞开心扉接纳孩子的情绪，给予孩子最认真的倾听和最深刻的理解，这样才能有效安抚孩子的情绪，也才能在充分了解孩子心理状态的基础上，设身处地为

第 08 章　沟通能力培养：明明白白和孩子说话

孩子着想，和孩子产生共鸣，也让亲子相处的很多问题迎刃而解。

虽然共情可以在最短的时间内拉近父母和孩子之间的距离，但是共情并不能泛滥使用，也要避免进入使用的误区。在具体使用共情的方式理解和体谅孩子的时候，父母要记住以下几点。首先，父母对孩子的共情是以爱作为基础的，孩子对父母的情绪感受能力非常强，为此父母要慎重对待孩子。其次，父母在对孩子共情的时候，要保证自身的情绪是很平静的，而且不要制止孩子以合理的方式发泄情绪。父母的平静接纳，是对孩子最好的安抚，当父母陪伴着孩子认识更多的情绪，则孩子变得见多识广，对于各种情绪的应对能力也会越来越强。最后，在共情之后，在父母的爱和安抚之下，孩子紧张恐惧的情绪已经有所缓解，这个时候，父母切勿戛然而止，而是要带着孩子回过头，回顾事件的发生经过，从而引导孩子找到正确的解决之道。这才是一个完整的共情过程，要让问题得到圆满的解决，而不只是感情上的共鸣。

第 09 章
交际能力培养：别看宝宝小，同样有社交

很多父母误以为孩子是没有社交的，觉得孩子只要遇到同龄人就能高兴地玩到一起，无所谓交往不交往。其实不然，即使孩子很小，他们也会有社交。很多孩子记性都很好，他们在这一次和小伙伴玩过之后，下一次也许想不起小伙伴的名字，但是会再次和小伙伴玩耍。在每一次玩耍的过程中，他们都在和小伙伴进行交往，发展自身的社交能力和交际能力。在此过程中，父母要给予孩子正确的引导，才能培养孩子的社交能力，为孩子将来在社会上生存奠定良好的基础。

小宝宝也会有社交

妈妈带着才八九个月的豆沙包去小区广场上玩，遇到了差不多月龄的小小鱼也在妈妈的陪伴下晒太阳呢！两个妈妈马上聊到一起，说起关于孩子的奶粉、纸尿裤等问题。正在妈妈们聊得高兴时，她们突然发现两个小宝宝也在聊天。豆沙包在妈妈双臂的支撑下，站在妈妈的腿上，高兴地蹦着跳着，不停地咿咿呀呀，似乎在说着什么，还时不时地把小手握成拳头，放在嘴巴里啃着，流着口水。和豆沙包一样，小小鱼也在妈妈的腿上欢呼雀跃，两只手向着豆沙包张开着，嘴巴里乌拉乌拉地说着话，似乎迫不及待想要和豆沙包拥抱在一起。

看着两个小宝宝急成这样，妈妈们拎着板凳靠在一起坐着，果然两个小宝宝马上开始互相抓住手，腿还不停地扑腾着。妈妈们相视一笑，异口同声地问："你们是想交朋友么？"

的确，小宝宝也有社交，哪怕是婴儿还不会说话，也会说着专属于婴儿的语言彼此沟通和交流。作为父母，在看到小婴儿有这样表现的时候，不要觉得不以为然，而是要抓住宝宝的社交发展第一期，让宝宝更多地和同月龄的宝宝相处。需要注意的是，在一岁半之前，幼儿处于无我的状态，他们没有形成自我意识，也没有把自己和外部世界分开，常常觉得自己和外

部世界是浑然一体的，因此也就无法区分"我"和外部世界的关系。在此期间，父母要多多引导孩子，教会孩子什么是"我的"，这样有助于孩子形成自我意识。

孩子到十个月前后，会更加喜欢和人相处，这与他们在此之前更多地沉迷于自己的世界截然不同。在社交欲望的驱动下，孩子们和其他孩子会很容易产生冲突。很多父母都对此感到非常紧张，生怕自家孩子被别家孩子打，吃了亏，为此总是表现出护犊子的行为，导致孩子之间的冲突升级。父母要知道，对于孩子而言，每一次社交冲突都是学习和成长的机会，父母对于孩子社交初期频繁发生的人际交往矛盾一定要摆正心态，既不要护犊子，也不要委屈孩子，而是要坚持以包容、理解的态度对待孩子，给予孩子的成长更有效的引导和帮助。对于孩子来说，这样才有利于他们不断成长，发展社交能力，变成真正的社交达人。

需要每一个父母重视的是，在十个月到三岁期间，孩子很容易出现咬人的行为，因为牙齿非常锋利，而且孩子的咬合力很强，所以往往会给其他孩子带来伤害。作为被咬孩子的父母，看到受伤和哭泣的孩子一定会感到非常心疼，但是一定要控制住自己要为孩子讨回公道的冲动，这一则是因为咬人者也是孩子，二则是为了要教会孩子如何进行自我保护。明智的父母在检查孩子的伤势并无大碍之后，会告诉孩子如何说才能制止咬人者，如教会孩子说"不许咬人"，这样一来，在孩子心中已经为自己讨回了公道，等到下次再遇到相同的情况时，他们就知道如何处理，而不是只知道向父母寻求帮助。而作为咬人孩子的父母，要想避免此类情况再次发生，就要知道孩子为何咬人。如果孩子是因为玩具被抢走而咬人，那么告诉孩子可以去把玩具要回来，而不要咬人；如果孩子是为了表示友好才咬人，那么告诉孩子可以和对方进行爱的抱抱，还可以牵手，而不要咬人，否则就会失去朋友。相信在父母教会孩子正确的表达方式之后，孩子一定不会继续热衷于以咬人的方式来表情达意。

年幼的孩子们在一起相处，总是状况百出，作为父母既要当好孩子的监护人，也不要随便地介入孩子的冲突之中，否则就会使得孩子之间的矛盾冲突升级为父母之间的矛盾冲突，对于前一刻还在争吵后一刻又玩到一起去的幼儿交往而言，这显然是得不偿失的。为此父母不但要关爱自己的孩子，也要给予别人家的孩子一定的宽容和包容，这样才能有效地引导孩子们友好交往，融洽相处。

孩子被打了，要怎么办

才到公园玩了没几分钟，小菲就哭着回到妈妈身边。妈妈不明就里，问小菲怎么了，小菲边抹眼泪边说："妈妈，有个

小朋友打人。"小菲已经4岁了，在公园里玩总是被欺负，让妈妈非常苦恼。一直以来，妈妈都教育小菲要和小朋友好好玩，不要发生矛盾，看到小菲总是哭哭啼啼寻求帮助，妈妈也感到困惑了：孩子被打，到底是应该教育孩子友好，还是教育孩子打回去，保护自己呢？

诸如小菲妈妈这样的困惑并不罕见，有很多父母在教育孩子的时候，都告诉孩子要和小朋友好好玩。然而，家庭教育是不同的，有些父母非常骄纵和宠溺孩子，为此孩子从小在家里就是小霸王，已经习惯了欺负人，也总是抬手打人。当一个友好谦让的孩子遇到这样的小霸王，采取礼貌的相处方式是明显不行的，除了被欺负和哭鼻子之外，几乎没有其他的结果。当孩子被欺负习惯了，只会变得越来越胆小怯懦。即便有朝一日孩子长大成人，走入社会，也难免会遇到爱欺负人、特别强势的交往对象。由此可见，父母如果不能正确地引导和教育孩子，就会导致孩子在成长中陷入被动的状态。

当然，孩子相处和交往的对象往往是同龄孩子，父母无需过分紧张。孩子打人有很多情况，有的孩子是因为不小心打人，而有的孩子是故意打人。对于这两种典型的情况，要区分对待，教会孩子采取不同的策略。如果对方是不小心打人，则要教会孩子宽容，如果对方是故意打人，则要让孩子义正言辞地警告。如果警告之后，对方还在打人，那么父母就要告诉孩子可以狠狠地还手，把对方打过来的再打回去，从而起到震慑对方的作用。

看到这里，很多父母都会感到困惑：孩子那么小，不可能像成人那样对于打人的不同情况进行准确区分，如何教会孩子区分呢？当然，孩子的思维能力有限，面对打人情况往往不能做到精确区分。有一个爸爸这么告诉儿子："对方第一次打你的时候，如果不严重，只是略微有一些疼，那么你可以告诫对方'不要打人'。如果对方是无意的，一定会很小心，避免再次打到你。如果对方是故意的，那么等到对方再次打你的时候，你就可以马上反击，这样对方感受到你的力量，就不敢再欺负你了。"这位爸爸的教育方法是值得我们借鉴的，他让孩子第一次选择宽容，等到第二次的时候再采取反击的姿态，这样属于先礼后兵，相信可以把问题处理得很好。

切勿直接告诉孩子一旦被打就打回去，这样孩子就会不分青红皂白，渐渐地还会产生暴力倾向。我们既不能容忍孩子一直受欺负，也不要让孩子变得心思狭隘，睚眦必究。唯有让孩子学会先礼后兵，才能让孩子更宽容，处理好人际关系，处处受人欢迎。

在不止有一个孩子的家庭里，孩子们就是在一起打打闹闹，感受着兄弟姐妹的亲情和温暖长大的。如今，大多数家庭里都只有一个孩子，父母在对待其他孩子的时候，也要怀着包容之心。这样当孩子们在一起玩耍产生摩擦的时候，父母才能避免对其他孩子过于严苛，而是对待孩子们的争吵打闹就像是

对待自家孩子一样，怀着公正宽容的态度去处理。

总而言之，对待孩子与小朋友之间的矛盾，父母一定要坚持"不惹事也不怕事"的原则，这样既让孩子谦虚礼让，也让孩子在必要的时候采取拳头政策，保护自己的安全，捍卫自己的权利。这其中的度很难把握，父母在教育孩子的时候一定要谨言慎行，以合理的方式引导和教育孩子，帮助孩子表现出自身的力量，更加健康快乐地成长。

有些孩子本身的性格是非常强势也不愿意让步的，在这种情况下，父母要教育孩子更加宽容。尤其是那些总是喜欢睚眦必报的孩子，父母切勿助长孩子的暴力行为，而是要教会孩子宽容。当孩子因为受到欺负就情绪激动的时候，父母为了帮助孩子平复情绪，要保持理性，先不要急于判断孩子是错还是对，而是要接纳孩子的情绪表现，给孩子机会说出心中的感受。细心的父母会发现，当孩子把内心的感受都说出来的时候，他们的坏情绪很快就会得到平复，他们的内心也会变得更加平静。这个时候，再让孩子去处理此前面对的情况，孩子一定会有不同的思考和选择。倾听孩子的倾诉，哪怕是抱怨，也要以坚定和善的眼神看着孩子，就能让孩子在最短的时间内恢复平静，维持内心的平和。这对于帮助孩子学会宽恕，学会原谅，是至关重要的。

引导孩子学会分享

才两岁的皮皮表现出很强的攻击性，每当看到自己喜欢的东西，他总是毫不迟疑想要据为己有。尤其是在小区广场上和同龄孩子一起玩的时候，皮皮总是不由分说地抢夺其他小朋友的玩具。而一旦看到其他小朋友想要碰他的玩具，他马上就会上前保护玩具，坚决不允许其他小朋友碰他的玩具。妈妈觉得很不好意思，往往会建议皮皮和小朋友交换玩具玩，但总是惹得皮皮嚎啕大哭，因为皮皮连交换玩具都不愿意。妈妈尴尬极了，批评皮皮："你这个孩子怎么回事，这么自私，要和小朋友分享啊！"皮皮对于妈妈的话听若未闻，依然坚持要占有玩具。

作为两岁孩子的妈妈，相信都曾经遭遇过这样尴尬的时刻，不由得反思：我从未宠溺孩子成为小霸王啊，为何孩子总是这么霸道呢？其实，孩子之所以出现这样的问题，并非是妈妈教育导致的，而是因为孩子在两岁前后，正处于自我意识形成的关键期，他们在两岁之前误以为自己和外部世界是浑然一体的，而在两岁前后，把自己和外部世界区别开来，因而对外部世界非常感兴趣。这个阶段的孩子自我意识很强烈，还没有形成物权意识，为此无法区分某个东西是自己的，还是别人的。在这种状态下，他们会把所有认为好的东西都据为己有，而不愿意任何人夺走自己所喜欢的东西。如果父母不了解孩子

第09章　交际能力培养：别看宝宝小，同样有社交

的身心发展特点，就会认为孩子很霸道，这对于孩子而言是不公平的。

要想让孩子学会分享，父母就要首先引导孩子形成物权，知道有些东西是属于自己的，有些东西则是属于别人的。等到孩子能够准确地区分物权归属，他们才会渐渐地形成物权意识，知道想玩别人的东西，必须经过别人的批准，而且也要把自己的东西拿出来，和小朋友们一起分享。这对于孩子的身心发展至关重要，父母只要陪伴和引导孩子度过这个艰难时期，孩子才能成为乐于分享、受人欢迎的人。

还需要注意的是，如果孩子本身不愿意分享，那么作为父母切勿强迫孩子分享。分享的前提是自愿，分享的目的是获得更多的快乐。如果父母强迫孩子，就会导致孩子对于分享产生恶劣的印象，再也不愿意分享。显而易见，这样强制分享的方式很糟糕，对于孩子的身心发展是一种伤害。

此外，父母还要做孩子的好榜样，以身作则教会孩子分享。父母不会分享，体现在两个方面，第一是不愿意把自己所拥有的东西分享给他人，第二是当孩子想要和父母分享的时候，父母总是拒绝，而一厢情愿地把所有好吃的、好玩的都留给孩子。尤其是第二种教养方式，对于孩子将会起到很大的负面作用。一旦孩子习惯了不和父母分享，即使有朝一日长大成人，也不会关注到父母的需要，更不愿意和父母分享。明智的父母哪怕面对美味的食物，也不会留给孩子独享，而是和孩子

141

一起分享。在家庭生活中，父母要引导孩子学会分享，孩子才能真正感受到分享的快乐，也才能乐于分享，把快乐加倍。

培养孩子的餐桌礼仪

周末，妈妈带着西西去朋友家里做客。朋友很擅长烹饪，在和妈妈闲聊了一段时间后，就一头扎进厨房为大家准备丰盛的午餐。到了饭点，西西感到很饿，一看到满桌子都摆放着美味的食物，还有她爱吃的蜂蜜烤鸡翅，她马上拿了一个鸡翅津津有味地吃起来。等到妈妈见到的时候，西西已经吃掉了一个鸡翅，正准备拿第二个呢。妈妈马上制止了西西，西西眼看着香喷喷的鸡翅却不能吃，着急地哭起来。朋友闻讯赶来，对妈妈说："马上就开饭，你先拿着让孩子吃。"妈妈说："不行，大家都还没开始吃呢，她也不能吃，这是礼貌！"朋友大度地说："嗨，规矩都是大人制订的，小孩子就不必拘泥。"妈妈很不好意思用筷子夹起一个鸡翅给西西，说："西西，要开饭了才能吃，这是懂礼貌，知道吗？"西西满脸泪光点点头。

在家里，如果孩子不能学会餐桌礼仪，那么有朝一日在公开的场合就餐，孩子也是不会懂得餐桌礼仪的，因为他们已经形成了不讲礼貌的坏习惯。很多父母对于餐桌礼仪不重视，尤其是在家里就餐时，他们总是觉得孩子还小，为此就让孩子先吃饭，或者让孩子专门挑选喜欢的饭菜吃。殊不知，这会让孩子变得自私，而且养成吃饭不顾别人，只是自顾自吃喜欢的饭菜的坏习惯。当孩子在公开就餐场合也这样表现，显然会给父母丢面子，也会导致父母难堪和尴尬。

好习惯要从小养成，遵守礼仪的习惯更是要坚持贯彻在生活的点点滴滴中，切勿觉得孩子还小，就对于孩子的言行举止不重视，不在乎。在家庭里，每次吃饭都应该等到全家人都到齐了再开动，作为晚辈，更是要等到长辈动筷子之后再动筷子。父母在餐桌上要作为孩子的榜样，言行举止都符合餐桌礼仪，这样才能在潜移默化中教育孩子，也给孩子做好示范的作用。

有些父母吃饭的时候总是喜欢大声说话，孩子就餐时也就会小嘴巴吧嗒吧嗒说个没完没了；有的父母吃饭的时候还会训斥孩子，则孩子长大以后也必然不顾及场合就说出不合时宜的话；有的父母吃饭夹菜总是挑挑拣拣，则孩子也会在菜盘子里挑挑拣拣，表现出很没有素质和涵养的一面；还有的父母会剩饭，那么孩子必然也不会把碗里的饭吃完……有人说，父母是孩子的第一任老师，孩子是父母的镜子，的确如此。明智的父母会时刻为孩子做好榜样，当孩子表现不够好的时候，他们首先做的不是指责孩子，而是先反省自身的原因。

自古以来，中国就很讲究餐桌礼仪。古人云，食不言，寝

跟幼儿园教师学早教

不语，也正是这个道理。要想培养出有涵养的孩子，父母就要提高对于自身的要求，在日常生活中注意为孩子做好榜样，在潜移默化中引导孩子成长为重视礼仪的社交达人。

培养孩子主动关爱他人

这几天，妈妈感冒了，非常难受，不得不请假在家躺在床上。看到妈妈没去上班，球球好奇地问："妈妈，你怎么不去挣钱呢？"原来，爸爸妈妈每次出门上班，都会告诉球球爸爸妈妈去挣钱买好吃的了，所以球球对于妈妈留在家里不去挣钱感到非常奇怪。妈妈原本不想告诉球球自己生病了，转念一想，这正是培养球球关爱他人好习惯的时机，因此妈妈对球球说："球球，妈妈生病了，很难受，需要留在家里接受你的照顾。"才4岁的球球马上忙活起来，他一会儿给妈妈送水喝，一会儿提醒妈妈吃药，一会儿让妈妈要坚强，多吃饭才能好得快。对于球球的频繁关切，妈妈感到很受用，欣慰地感谢球球："球球真是个好孩子，这么关心妈妈。妈妈想吃个苹果，你可以帮妈妈洗吗？"闻讯赶来的奶奶忍不住抱怨妈妈："你想吃苹果告诉我给你洗啊，球球哪里会洗苹果？"妈妈笑起来，问球球："球球，你可以帮妈妈洗苹果吗？"球球点点头："我能做到。"接过球球洗得不那么干净的苹果，妈妈吃

144

第 09 章　交际能力培养：别看宝宝小，同样有社交

得津津有味，似乎这是世界上最甜的苹果。也许是受到妈妈的启发，下午，球球还主动剥了几个砂糖橘送给妈妈吃，妈妈更高兴了。

趁着感冒卧床休息的时候，妈妈积极地向着球球求助，给了球球很多机会为妈妈做力所能及的事情，关心和照顾妈妈。这不但有助于培养球球主动关爱他人的好习惯，而且还能让球球形成责任感，意识到自己作为小小男子汉是有义务帮助妈妈的。相信经过这件事情，球球会更加关心身边的人，也能给予身边的人周到体贴的照顾。孩子总是会有很多的第一次需要去经历。作为父母，切勿把孩子保护得非常严密，照顾得面面俱到。唯有给孩子机会去锻炼，各方面能力才能够增强。最重要的在于，父母要给孩子成长的机会。

如今，很多家庭里都只有一个孩子，不管是父母还是祖辈，都会对孩子特别关爱，恨不得把自己拥有的一切好东西都毫无保留地给孩子。殊不知，父母的溺爱是对孩子最大的伤害，在有求必应、衣食无忧的生存环境中，孩子们很容易形成以自我为中心的错误思想，也常常会对父母的付出表示无视，缺乏感恩之心。很多父母对此不以为然，总说自己对于孩子的付出是无怨无悔的，也说自己不需要孩子的回报。的确，父母愿意对孩子倾尽所有地付出，但是有朝一日孩子走出家门，走入社会呢？如果还总是这样索取，而不知道回报，更不会做到主动关爱他人，孩子会有好人缘吗？

145

等到有朝一日孩子长大了，还是把父母当成自己索取的对象，而从未认识到父母已经老了，需要子女的照顾，必然导致父母不满。很多父母都会嫌弃孩子太自私，不懂得关爱他人，回报父母，却从未想到孩子之所以长成现在的样子，就是因为作为父母从来没有培养孩子关爱他人的心，也没有引导孩子形成关爱他人的习惯。既然如此，父母当然怪不得孩子，而是要反思家庭教育是否出现严重的问题，才会导致孩子如今这样的冷漠和疏远。

作为父母，切勿凡事都为孩子包办，这非但不利于孩子形成和增强各种能力，也不利于引导孩子形成主动付出的好习惯。有些父母认为孩子还小，等到长大了就会有所改善。试问，如果孩子小时候都不知道如何做得更好，心中也没有感恩的种子，长大之后怎么可能平添感恩的心呢？明智的父母会注重浇灌孩子稚嫩的心灵，在孩子的心中种下善良和感恩的种子，这样孩子随着不断地成长才会表现越来越好，也才会不辜负父母的期望。

引导孩子与小伙伴分工合作

每次甜甜玩积木的时候，哥哥也总是想和甜甜一起玩。然而，甜甜还不太愿意，这是因为她觉得哥哥会抢走她的积木。

第 09 章　交际能力培养：别看宝宝小，同样有社交

哥哥呢，看到甜甜拒绝给自己积木，也很懊恼，愤愤不平地说："这些都是我的积木，是我小时候爸爸妈妈买给我的。"这样争执的结果就是，甜甜被哥哥气哭，哥哥被偏向甜甜的爸爸妈妈气哭，最终大家不欢而散。

意识到这样的矛盾经常发生，必须找到解决的办法之后，妈妈再次看到甜甜和哥哥抢夺积木的时候，灵机一动对哥哥说："哥哥，你要带着妹妹一起玩，让她当你的小帮手，这样妹妹才愿意以你为主导，和你一起享受搭积木的乐趣，知道吗？"哥哥恍然大悟："的确，我可以教会妹妹怎么玩。"这个时候，妈妈又对甜甜说："甜甜，哥哥可会玩积木了，你和哥哥一起玩，还可以向哥哥学习，好不好？哥哥可以搭建出你喜欢的小房子，知道吗？"甜甜其实很愿意和哥哥一起玩，尤其是在听说哥哥可以搭建出小房子之后，她当机立断把所有积木都贡献出来，对哥哥说："哥哥，咱们一起玩。"当然，刚开始一起玩的时候，甜甜还是会和哥哥爆发出各种矛盾，在妈妈的耐心引导下，他们玩得越来越好，也能够做到彼此帮助，相互协助了。

一个人玩玩具的快乐，肯定没有两个人一起玩玩具的快乐更多。作为父母，家里有两个孩子，一定不要在无意之间离间两个孩子，而是要多多地引导两个孩子一起玩耍，教会他们分工合作。这样一来，两个孩子闹得鸡飞狗跳的画风就会马上转变，变成了兄妹情深，也变成了一起创造和分享快乐。

跟幼儿园教师学早教

在满是钢筋水泥的城市森林里,很多孩子作为家里的独生子女,从小就没有玩伴,只能一个人默默地在家里玩耍。有的时候,太过寂寞的他们还会自言自语,口中念念有词,自己与自己说话。在孤独中成长的孩子,与人相处的能力很差,更别说与小伙伴分工合作了。一直到进入幼儿园,他们才融入集体生活,也在和小朋友相处的过程中,越来越体会到分工合作的重要性。

很多细心的父母会发现,孩子很喜欢和小伙伴玩耍,尽管他们已经习惯了寂寞,也习惯了被父母带着见识更多的风景,但是他们依然需要小伙伴的陪伴,也很热切地盼望着和小伙伴一起感受快乐。遗憾的是,他们从小就缺乏和同龄人打交道的经验,根本不知道如何与小伙伴分工合作,为此在和小伙伴相处的过程中常常会吵闹不停,甚至发生打架的情况。

作为父母,在看到孩子出现这样的情况时,不要责备孩子太自私,或者不懂得如何和小伙伴玩,而是要引导孩子学会分工合作,培养孩子的团队精神。唯有如此,孩子在再次面对团结协作的时候,才能积极地融入团队之中,也才能更好地与小伙伴进行分工,协调完成艰巨的任务。当他们感受到自身的力量,他们就会感到自豪,也会对于团队的力量有更深刻的认知。俗话说,人多力量大,在一个合作密切的团队里,哪怕成员都是孩子,也是可以实现众人拾柴火焰高的。

第10章
让宝宝认知规则：帮助宝宝建立秩序感

　　很多父母误以为，真正爱孩子，就是要给孩子绝对的自由和丰富的物质条件，这样才是对孩子倾尽所有的表现。不得不说，这是盲目的爱，是对孩子的溺爱，必将导致孩子受到很大的伤害，也会使得孩子未来令人担忧。有很多父母对于孩子的教育都会说"树大自直"，实际上，如果父母对孩子的教育无所作为，则孩子就不会主动长成父母期望的样子。明智的父母会从小就引导和教育孩子，更多地激发孩子的智力，激发孩子的潜能，这样孩子才能建立秩序感，在学习和成长方面都表现优异。

有规则，孩子的行为才有边界

甜甜有个坏习惯，那就是她常常会在吃东西的时候不小心睡着，结果就只能含着食物睡好几个小时，甚至睡一整个晚上。妈妈担心甜甜会被卡住，总是提醒奶奶看到甜甜含着饭菜打瞌睡的时候，一定要马上喊醒甜甜。然而，奶奶担心甜甜醒来之后会哭闹，总是不想喊醒甜甜。妈妈每天忙着上班，也就渐渐地对于这件事情睁一只眼睛闭一只眼睛。幸好甜甜从来没呛着过，醒来之后就吧嗒吧嗒嘴巴又把食物咽下肚子。然而，在甜甜四五岁的时候，这个坏习惯的恶果开始显现出来，甜甜出现了龋齿，为了看牙，妈妈至少带着甜甜去了二十几次医院。妈妈觉得烦恼极了，想不明白甜甜的牙齿怎么这么糟糕。

有一天，甜甜看牙不那么痛苦，气氛还算轻松，妈妈和医生攀谈了几句，说起甜甜小时候含着饭菜睡觉的事情，医生恍然大悟："我说你家孩子的牙齿怎么这么糟糕呢，原来是含饭导致的。孩子牙齿龋齿，通常都是一颗一颗出现，而如果孩子含饭，则牙齿就是一口一口地坏掉，导致满嘴牙齿里没有一颗是好的。"妈妈懊悔不已："早知道受这么多罪，小时候怎么也不允许她含着饭菜睡觉啊！"医生笑起来："这就是教训啊。好好治疗，保护好恒牙，否则恒牙要是也这么糟糕，那可麻烦大了。"妈妈连连点头。

很多父母因为各种各样的原因溺爱孩子，对于孩子的行为边界从来没有准确地界定。因为怕孩子哭闹，因为怕孩子吃亏，父母总是无限度地向着孩子妥协，一次又一次。殊不知，真正强大的生命不是在娇生惯养中成就的，而是在磨砺中成就的。

作为父母，即使爱孩子，也要明确对孩子规定哪些事情可以做、哪些事情不能做，这样孩子才能找到行为的边界，让自己在制度的约束下保持更大的自由。否则，一旦越界，就会受到惩罚，就会导致成长陷入困境。每个孩子都要明白，真正的自由是在允许范围内的自由，真正的成长，是跳脱出自我在思想和精神上的成熟。

在上述事例中，奶奶是因为不想招惹甜甜哭泣，所以对甜甜含着饭菜睡觉这件事情采取了姑息纵容的态度。而有些叛逆不是这样无意识发生的，而是孩子随着年龄的不断增长，在有意识地挑战父母的权威。例如，针对爸爸指定的晚上八点洗漱休息的规则，孩子越来越大，玩心越来越重，因而不想再那么早洗漱睡觉。这样一来，父母与孩子之间就会产生各种矛盾和冲突。再如，妈妈规定孩子必须洗澡才能睡觉，孩子不愿意每天都洗澡，一到晚上就为了洗澡发愁。还有的父母规定孩子到了5岁就要独立入睡，但是孩子偏偏睡不着，又怕黑。那么作为父母，应该采取怎样的态度才是正确的呢？孩子越是哭闹，父母越是不要顺从孩子，否则孩子渐渐地就会把哭闹当成是杀手铜，总是用这个招术对待父母。

父母要坚定平和地告诉孩子为何制订这些规定，以及规定的具体内容。即使只有三四岁的孩子，也能够理解父母的意思，重点在于父母要认真用心地去向孩子解释。当孩子感受到父母的心意是不可改变的，他们就不会再胡搅蛮缠，而是接受事实，按部就班做好自己该做的事情。

暂停的次数多了，也就不管用了

每当乐乐犯了错误，妈妈为了避免在气头上和同样火爆脾气的乐乐发生冲突，总是会要求乐乐坐到旁边的椅子上或者到自己的房间里独处5~10分钟的时间，并且规定家里的所有人都不可以在这个时间里接近和试图劝说乐乐。一开始，这个方法的确效果不错，可以帮助乐乐恢复情绪，但是随着使用的次数越来越多，这个方法的效果大打折扣。有的时候，乐乐已经独处结束，情绪还是很烦躁，而且也不知道自己到底错在哪里，需要如何改正。

暂停的方法不是全能的，当父母总是用这种方法来对待或者惩罚孩子，则孩子从最初的能够反思自己，到后来不以为然地站在那里，思维却不知道飘荡到何方。伴随着孩子成长的脚步，父母要想让教育起到最好的效果，也要与时俱进，还要根

第 10 章　让宝宝认知规则：帮助宝宝建立秩序感

据面对的不同事情和局面、情势，采取适宜的方法对孩子进行管教。否则，总是用同一种方法对待孩子，而不管孩子是3岁还是5岁，亦或者是7岁，父母自己都觉得厌烦了。

当然，暂停法是有一定好处的，那就是能够让孩子在气头上的时候置身于安静的环境中，把孩子与外部的刺激信息隔绝开来，这样孩子就会更加理智，也会更加心平气和。暂停法的弊端就是，面对父母"无缘无故"的罚站，孩子会感到非常反感。没错，父母们也许对于罚站的原因心知肚明，孩子们却对于罚站的原因一头雾水。要想弥补暂停法的不足，父母最好在对孩子喊停之前，先告诉孩子哪里做得不好、哪里需要改进。这样孩子在反思的过程中才能进行思考，也才能在想清楚自己的错误之后积极主动地改正。

要想把传统的、消极的暂停法转化为现代的、积极的暂停法，父母就要采取一定的措施，对暂停法进行改造，从而起到扬长避短的作用。有些孩子在气头上被父母喝令进入自己的房间，或者被父母惩罚站立在某个墙角，内心深处一定是会非常失落和孤独的。这个时候，父母如果能够陪伴在孩子的身边，和孩子一起反思，则孩子心里会觉得更舒服。在孩子进行暂停之后，父母切勿觉得教育到此结束，而是要牢记教育的目的是说服孩子，帮助孩子进行改正。而且，父母批评孩子绝对不是为了疏远孩子，而是为了和孩子更加亲近。所谓不忘初心，方得始终。父母如果忘记了教育孩子的本心，就不会在对孩子喊停之后，找机会给孩子一个温暖的怀抱。

等到孩子真正恢复冷静，父母还可以和孩子之间针对此前发生的问题进行沟通和交流。记住，此时此刻，不管是哪一方都应该保持平静和理性，而不要一开始就想指责对方，把责任推卸到对方身上，而是要先反省自己的错误。尽管孩子还小，但是在看到父母以身作则反思自我的时候，他们一定会受到感染和熏陶。其次，这样从反思自己开始做起，能让父母和孩子始终保持良好的关系，让彼此的相处和谐融洽。

换一个角度而言，父母和孩子是平等的，也应该相互尊重。如果在双方都情绪崩溃的时候需要一方离开，那么作为父母为什么不能在保证孩子安全的情况下短暂离开片刻呢？最重要的是让两个燃烧的火球保持一定的距离，而不要在熊熊燃烧自己的时候伤及无辜，所以父母离开，而让孩子留在原地恢复冷静，也是很不错的选择。

真正明智的父母，从来不会打骂孩子

最近，每当妈妈要上演河东狮吼，爸爸要上演武行的时候，乐乐都会说出一句话："打骂孩子的父母都是怯懦无能的。"这句话听起来很刺耳，而且有责怪父母的倾向，但是认真想想却很有道理。每当即将到达危急时刻，乐乐说出这句话，就像是给自己颁发了特赦令一样，总是会逗得爸爸妈妈哈哈大笑，怒气全无。

有一天，乐乐去同学家里玩。看到同学被爸爸批评，还被妈妈打了一巴掌，乐乐路见不平一声吼的精神立马绽放光彩，他对同学的爸爸妈妈说："聪明的父母不打骂孩子，因为他们有很多教育孩子的方法，也能采取一些策略让孩子听话。"正气得吹胡子瞪眼睛的同学爸爸，饶有兴致问乐乐："这句话听起来似乎很有道理，你认为呢？"乐乐奶声奶气地说："当然有道理。你们大人打小孩子，就是觉得小孩子小，很好欺负。"同学爸爸没想到乐乐一下子说到点子上了，当即感到羞愧。

和孩子相比，父母无疑是"庞然大物"，不但身材魁梧，而且也有很强大的力量。孩子不但依靠父母成长，而且非常崇拜父母，敬仰父母。相比起父母，孩子则显得很孱弱，尤其是年幼的孩子，一旦离开父母的照顾简直无法生存。在这样的情况下，父母渐渐感到骄傲，觉得自己就是孩子的救世主。殊不知，孩子尽管因父母来到这个世界上，却并不属于父母，更不是父母的附属品。明智的父母会尊重孩子的生活选择，也会给予孩子更多的自由掌控人生，而不会过分强迫孩子，更不会对孩子居高临下，颐指气使。

事例中，乐乐所说的话没有错，父母虽然嘴上不承认，但是潜意识却是欺软怕硬的。如果不是因为孩子那么弱小，如果不是因为孩子那么无助，父母不敢这样明目张胆地打着爱孩子的旗号和名义，总是试图控制孩子。尤其是当孩子不听话的时候，这正意味着孩子长大了，拥有自己的思想和主见，也不想再做父母的应声虫。明智的父母会为孩子感到高兴，而糊涂的父母则会对于孩子的成长心怀疑虑，恨不得让孩子再变回那个对父母唯唯诺诺的样子。

作为父母，只有在对孩子无计可施的时候，才会仗着自己的声音比孩子大、力气比孩子强，就对孩子动手动脚。但凡有其他的方法可以采用，谁又愿意对孩子采取打骂的教育方式，导致家里鸡飞狗跳呢？作为父母，一定要记住，打孩子的不是好父母，甚至不够格当父母。在这个世界上，没有教不好的孩子，只有不会教的父母。当父母全身心投入孩子的教育，对于孩子各方面的表现和心理上的动向都了如指掌，则父母自然可以和孩子之间建立信任的关系，也可以赢得孩子的尊重和信赖。在这种情况下，如果孩子觉得父母说得很对，还会故意不听父母的话吗？当然不是。因此，这样的和谐是需要作为父母者付出加倍的努力才能实现的。

贯彻规则，言行一致

晚上八点半，妈妈要求乐乐去洗漱，准备九点整上床睡

第 10 章　让宝宝认知规则：帮助宝宝建立秩序感

觉。往日里都很乖的乐乐这次却有些叛逆，梗着脖子对妈妈说："妈妈，我不想这么早洗漱，我也不想这么早睡觉。"妈妈的脸上马上阴云密布："你不早早洗漱睡觉，明天早晨起不来。"乐乐没有搭理妈妈，而是自顾自拿出一本书开始看起来。

眼看着洗漱的时间到了，妈妈想到乐乐在看书，不想打扰乐乐的专注，所以没有喊乐乐。很快，睡觉的时间也到了，妈妈暗暗想道："乐乐难得看书这么认真，我不该叫他吧！"就这样，直到九点半，比既定的时间晚了整整一个小时，妈妈才喊乐乐洗漱。次日晚上，乐乐依然不想早睡，妈妈坚决不同意，乐乐说："但是昨天晚上可以，今天晚上为什么不可以？"妈妈说："昨天你在看书，我不想打扰你。"乐乐听到妈妈的话，当即拿起一本书开始看，说："我现在也在看书，而且很认真。"妈妈无奈地看着乐乐，有些进退两难。

规则就是规则，所谓规则，指的是在正常情况下人人都要遵守的制度。妈妈因为乐乐前一天晚上在看书，就没有打扰乐乐。为了今天继续晚睡，乐乐又拿出一本书开始看，这样就让妈妈无话可说了。很多父母在为孩子制订规则之后，都会陷入这样尴尬的情况，有的时候被孩子怼得真是无话可说。那么，如何做才能避免这样的情况发生呢？

乐乐之所以不听话，究其原因就是妈妈的规则不一致。昨天是放宽了的规则，今天就强制要求孩子执行，对于才刚刚

157

跟幼儿园教师学早教

享受过宽松规则的孩子而言，当然不愿意接受。还需要注意的是，父母在为孩子制订规则的时候，自己首先要做到遵守规则，而不要犯"只需州官放火，不许百姓点灯"的错误。

当父母以身作则执行规则，则不用总是提醒和督促孩子，孩子也会把规则看得很重，积极主动去遵守规则。当然，规则的确立也许很容易，但是要想帮助孩子养成遵守规则的好习惯可不容易。在制订规则之后，最初要求孩子遵守规则的时候，孩子与父母之间难免会发生各种矛盾，因为孩子是规则的破坏者，而父母则是规则的执行者和维护者。随着时间的流逝，孩子越来越适应规则，就不会再因为对规则的遵守而感到很难接受，或者是与父母大吵大闹。作为父母，前面也许辛苦一阵子，但是面对一个守规则的孩子，后面就会省心半辈子。

蹲下来，看到孩子眼中的世界

周末同学聚会，要举办一个party，因为爷爷奶奶回老家，爸爸出差，妈妈只好带着甜甜一起参加。在几个曾经的班级骨干的操持下，party布置很成功，适逢圣诞节，不但有圣诞树，而且还挂满了礼物呢。在圣诞树下面，是一个小型的滑梯，就是为了给到场的孩子们玩的。

妈妈为甜甜拿了一些食物，就和许久不见的同学们聊起

第 10 章 让宝宝认知规则：帮助宝宝建立秩序感

来。才过了一会儿，甜甜走过来抱着妈妈的腿，仰着脸对妈妈说："妈妈，我想回家！"妈妈不以为然："回家干什么，家里又不好玩。你看这里多好，有玩具，有礼物，还有好吃的食物。你想吃什么？妈妈给你拿，好不好？"在妈妈的安抚下，甜甜又回到圣诞树下玩。但是才过去十分钟，她又回来找妈妈，这一次，她坚决要回家，还抱着妈妈的腿哭起来。妈妈尴尬极了，只好蹲下去，为甜甜擦去眼泪，还试图抱起甜甜。就在这个时候，妈妈看到了甜甜眼中的世界：没有美食，没有礼物，而是各种各样的腿在晃来晃去……刹那之间，妈妈明白了甜甜为何要回家，她很抱歉地对甜甜说着"对不起"，就在和同学告别之后，带着甜甜回了。

作为父母，你真的知道孩子眼中的世界是怎样的吗？只怕你已经习惯了站在高高的地方俯视着孩子视力所及之处，却不知道你和孩子的视角不同，所以你和孩子能够看到的世界也就截然不同。

父母与孩子不但存在身体高度的落差，而且也存在心理高度的落差。这样的双重落差存在让父母无法了解孩子的世界，更不可能走入孩子的心灵。作为父母，面对孩子的各种表现，都不要急于批评孩子，而是要看到孩子哭闹背后隐藏的原因，也要理解孩子的想法和决定。

相比起父母照顾孩子付出的种种操劳，蹲下来从孩子的视线高度去看这个世界，对于父母来说是很容易做到的事情，但

159

是偏偏很多父母都忽略了这件事情，也对孩子的世界采取漠视的态度。父母要想和孩子更加融洽相处，就要先放下姿态，和孩子处于相同的视线高度。此外，当遇到孩子不听话或者特别固执任性的时候，父母不要急于批评孩子，而是要相信孩子在固执和坚持背后，肯定是有苦衷的。

只要弯腰屈膝，我们就可以看到孩子眼中的世界，感受孩子的情绪和感情，避免再次当着孩子的面陷入"站着说话不嫌腰疼"的误区。当我们怀着赤子之心走入充满童真童趣的世界，也会发现孩子的淘气、顽皮，其实都是可以被理解和包容的。最重要的是，我们要学会放低自己，而不要总是对孩子采取俯视的视角，更不要总是对孩子有各种抱怨和不满。

家长未必要居高临下对待孩子

很多父母对待孩子都会摆出一副救世主的样子，他们觉得自己生养了孩子，就对孩子享有至高无上的权利，就可以主宰孩子的生活，掌控孩子的人生。其实不然。真正的管教绝不是摆出一副家长的架子那么简单的事情，而是要发自内心地尊重和平等对待孩子，要给予孩子更好的教育和引导。唯有如此，父母才能给孩子建立规则，也引导孩子不要逾越边界。

看到这里，有很多父母都会感到苦恼且困惑，因为他们

常常发现自己在对孩子和颜悦色说话的时候，孩子总是不愿意听，依然故我。因此，他们就只能对孩子声色俱厉，表现出一副非常凶狠的样子。然而，严厉的方法用得次数多了，日子久了，孩子未免会对此产生抵抗力，甚至不以为然。

很多细心的父母会发现，孩子虽然小，但察言观色的能力可不弱。父母在教育孩子的过程中，如果适时地表现出严肃的语气和表情，则小小年纪的孩子就会有所感悟和体察，也会马上收敛自己的行为，变得小心翼翼。

有的父母面对孩子想做危险的事情，总是如同唐僧念起紧箍咒一样碎碎念，一刻不停地唠叨，这样做真的能使孩子终止危险的企图，不再试图做危险的事情吗？如果父母深谙心理学，就会知道这不但不能让孩子马上收敛好奇心，反而会激发起孩子更加强烈的好奇心。年幼的孩子正处于探索世界的关键时期，他们对于外部世界充满了好奇，充满了想要探索和了解的欲望，父母所要做的是引导孩子认知各种事物，从而有效地打消孩子的好奇心。

越是孩子迫切想要了解的事物，父母非但不要禁止孩子去尝试和感知，反而要保证孩子的安全，引导孩子正确认知。在这样的情况下，孩子熟悉和了解了陌生的事物，就会偃旗息鼓，不会再对这个事物表现出莫名强烈的好奇心。这对于保护孩子是非常有效的行为，是父母应该先于制止孩子去做的，也是父母帮助孩子打消好奇心的关键所在。

161

对于特别危险，不能去做的事情，父母也不要总是漫不经心地唠叨，否则会使孩子产生超限心理，反而对于该事物更加充满好奇。正确的做法是，表情严肃、语气坚定地告诉孩子耳："危险，不能触碰！"只需要这一句话，就会对孩子的心灵产生震慑的力量，也会让孩子意识到这个东西真的非常危险，是不能触碰的。这可比对孩子河东狮吼或者对孩子展开碎碎念的效果要好得多。真正高明的父母可以做到不怒自威，不会对孩子肆无忌惮发脾气，导致孩子对于父母的很多行为表示熟视无睹，对于父母的很多话也总是充耳不闻。

父母要想在孩子心中树立权威，不需要故意对孩子板着脸，也不需要居高临下地对待孩子，只要给予孩子更多的关注，洞察孩子在行为背后隐藏的深层次心理，这样才能把话说到孩子的心里去，也才能有效地引导孩子做出正确的行为表现。

有的时候，孩子之所以不服从父母的管教，也是因为他们对于父母表达的禁止不知道是什么意思，为此他们会感到很迷惘，既不知道自己错在哪里，也不知道自己如何改正。作为父母，不要觉得孩子理所当然了解父母的想法，也知晓自己的错误，而是要在对孩子说"不"的时候，耐心细致地为孩子解释原因，更要告诉孩子如何改正错误，有正确的表现。这样孩子的内心才会更加清晰，也才能够做得更好。

第 11 章

打造高情商宝宝：人气时代情商比智商更重要

若干年前，几乎每个人都认为智商是非常重要的，甚至觉得人生的成败完全取决于智商。而随着情商概念的提出，越来越多的心理学家开始研究情商，最终验证了情商比智商更重要。为此，如今有很多父母都会把提升情商作为培养孩子的重点。如果说智商很大程度上取决于先天的因素，那么情商则主要取决于父母对孩子后天的培养、引导。父母一定要重视孩子的情商，更是要从小就开始培养孩子的情商。

延迟满足真的对孩子那么重要吗

延迟满足是心理学领域的专业术语，来自心理学家沃尔特·米歇尔针对4岁的孩子群体进行的心理学实验。为了保证实验的公平性，米歇尔招募了六百多名孩子。他让孩子们都集中在一个大的教室里，并且给这些孩子每个人都发了一颗棉花糖。

棉花糖发完，米歇尔来不及下达命令让孩子们吃，就要离开。他对孩子们说："你们可以选择现在就吃棉花糖，也可以选择等我回来再吃棉花糖。那些能够等我回来再吃棉花糖的孩子，将会得到我额外奖励的两块棉花糖。"说完这番话，米歇尔就头也不回地离开大教室，现场只剩下面面相觑的孩子们。

当即，就有孩子剥开棉花糖开始吃起来。有些孩子一开始没有吃，但是棉花糖的诱惑实在太大了，他们之中的大多数人在等待了不同的时间之后都开始吃棉花糖，而少部分孩子为了抵御棉花糖的诱惑，故意大声唱歌，闭着眼睛假装睡觉，或者踢桌子腿，朝着棉花糖吐口水。很快，教授回来了，按照承诺给那些能够延迟满足的孩子又发了两块棉花糖。

十几年后，教授针对这些孩子进行了跟踪调查，发现能够延迟满足的孩子自控力很强，在做很多事情的时候都能有所把握，而那些第一时间就吃掉棉花糖的孩子，则因为缺少决心和

毅力，所以在做很多事情的时候都会经不起等待，总是不知不觉间就会犯急躁的、没有耐心的错误，因而并没有做出特别大的成就。

很多父母都受到棉花糖实验的影响，每当想要宠爱孩子，满足孩子的欲望时，都会想到这个实验，因而延迟给予孩子额外奖励和馈赠。

当然，这样的延迟不是无限度的，也不是没有原则的，而是要做到言必行行必果，这样才能得到孩子的信任和尊重，也才能与孩子之间更好地相处。否则，如果父母对于孩子食言，则孩子就不会愿意继续控制自己，期待美好的结果。

其实，在棉花糖实验背后，还有一个实验。有一位心理学家把孩子分成两个组，每次都能兑现对第一组孩子的承诺，而总是会把对第二组孩子的承诺完全忘记。结果，在进行这样的两次实验之后，心理学家再来要求这些孩子兑现承诺，则明显那些得到了他人守信好处的孩子，更乐于兑现自己的诺言，而总是被实验者放鸽子的孩子中，信守承诺的孩子只占有很少的比例。

不得不说，父母要求孩子怎么做，就要以身作则给孩子当榜样，否则父母总是只许州官放火，不许百姓点灯，一定会给孩子树立糟糕的榜样，导致孩子也总是出尔反尔，不愿意兑现承诺。

孩子自控力强，才能驾驭自我

有人说人生是一场旅程，有人说人生是一次又一次选择，还有人说人生就是不断试错的过程。对于人生本质的了解，每个人都有自己的想法和判断，也都有自己的主张，归根结底，每个人都要对自己的人生负责，也只能对自己的人生负责。看到这里，很多朋友也许会感到庆幸：每个人都只需要管理好自己吗？当然不是。这里所说的对自己负责，确切的意思是指人人都要有自控力，这样才能在人生即将逝去方向变得迷失之际，当机立断牢记本心，不忘初心，从而把人生再带到正轨上。

孩子的情绪很容易冲动，和理性成熟的成人相比，孩子更加接近于动物，为此不管是喜怒哀乐还是做出决定，他们都会从自己的心意出发，而不会更多地照顾他人的情绪感受。正是这样的状态，很容易导致孩子对于自我处于失控的状态，他们哪怕想要控制自己都做不到。曾经有心理学家说，每个人最大的敌人就是自己，也正是在告诉我们人必须从自身的囚牢里挣脱出来，驾驭自己的情绪，证明自己的能力，这样才能真正主宰自己，成就自己。

人的本能总是趋利避害，别说是年幼的孩子不能控制自己，就算是成人在面对各种诱惑的时候，也往往会失去理性。作为年轻人，当然可以随心所欲做各种事情，但是一旦为人父

母，则言行举止就不能那么随意且肆无忌惮了。毕竟父母是孩子的第一任老师，也是孩子最好的榜样。作为父母，对于要求孩子做到的事情，自己要第一时间做到，这样才能给孩子树立好榜样，也才能使自己对于孩子的教育更具有权威性，效果更加显著。

那么，面对年幼的孩子，父母如何培养他们的自控力呢？首先，要从心理学角度了解到，唯有在信任的基础上，才有自控力可言。如果孩子对于周围的一切始终怀着迟疑与怀疑的态度，则就不会控制自己。例如，在棉花糖实验中，那些想方设法延迟满足的孩子，就是因为坚信只要等到教授回来，就可以得到额外的两块糖果。而那些第一时间就吃掉糖果的孩子，对于教授没有任何信任，只想着要把美味的棉花糖吃到肚子里，才没有人能够抢走。不同的心态下，孩子做出了不同的行为，这是可以理解的。

作为父母，要引导孩子合理认知和感受自己的情绪。现实生活中，很多孩子都特别任性，稍微有点儿不满意，就会马上撒泼打滚，导致自己难堪不说，还让父母下不来台。实际上，这正是孩子自控力不够强大的表现，父母要想提升孩子的自控力，就要让孩子能够了解和接纳自身的情绪，也可以最大限度调整好情绪。唯有成为情绪的主人，孩子们才能实现更好地自控。

父母需要注意的是，有些孩子看起来缺乏自控力，并非他们故意要违反提前制定的规则，也并非他们不愿意顺从父母的意思，而是因为他们的记忆力还没有那么强大，对于自己几分钟之前信誓旦旦答应父母的事情，在下一刻钟到来的时候，他们很容易就会忘记，自然也就不愿意遵守这项规定。有些父母一旦看到孩子出尔反尔，就会忍不住要抓狂，其实，对于孩子而言这是常态，细心的父母会发现孩子往往在睡过午觉之后，会把上午的事情说成是昨天的事情，也是因为他们的记忆出现偏差导致的。为了避免这种情况发生，在和孩子有了约定之后，父母可以每隔一段时间就提醒孩子，让孩子始终牢记自己的承诺，这样他们的自控力就能得到提升，他们也会主动信守诺言。

做游戏，让孩子学会自控和等待

妈妈发现乐乐自控力很差，常常会表现出急躁且抓狂的样子，尤其是在强烈的情绪刺激下，乐乐还会做出一些非常崩溃的举动，这让妈妈非常担心。虽然妈妈不止一次告诫乐乐要学会控制情绪，但是乐乐提升自控力的效果很差，依然歇斯底里，对于妈妈所说的大道理也不能够完全理解。

思来想去，妈妈决定采取切实的措施帮助乐乐。以前，妈妈接了乐乐回到家里，如果乐乐叫嚷着很饿，妈妈马上就会为

乐乐提供食物。现在，每当乐乐说饿的时候，妈妈不会当即放下手里一切的事情，而是会告诉乐乐"还有15分钟开饭""还有30分钟开饭"之类的话。起初，乐乐会很不耐烦，后来意识到妈妈准备好饭菜需要时间，也就不再那么抓狂了。

除了在这样的日常小事中注意培养孩子的自控力之外，父母还可以准备一些有助于增强自控力的小游戏，和孩子一起做。例如，和孩子轮流玩"木头人"的游戏，在喊了"木头人"之后，谁都不许动弹，看谁坚持的时间更长。再如，还可以和孩子玩"红灯停、绿灯行"的游戏，随时改变信号灯，让孩子行走或者停下来。看起来，孩子的自控力仅仅表现在控制自己的身体上，实际上，当这样坚持练习，孩子对于身体和心灵的把控都会越来越强。

很多人对于自控的理解都很狭隘，他们认为所谓自控，就是要完全控制自己。其实，自控还有更广泛的含义，那就是对于自我的调节。在调节之后，孩子们的情绪会处于更好的状态，即使面对一些不如意也不会当机立断就哭泣、喊叫，以极端的方式导致事情变得更加糟糕。也可以说，情绪自控是孩子们发展自控力的第一步。

遗憾的是，现实生活中，很多父母都会给孩子树立糟糕的榜样，即父母本身就性格急躁，很容易情绪失控，在这样的情况下，必然会给孩子带来恶劣的影响，也会对孩子起到消极负面的作用。父母要调整好情绪再对待孩子，这样孩子感受到父母的情绪，也会以友好和平的方式回应父母。对于父母而言，这样的亲子关系才能更加和谐友好，父母也才可以对孩子进行更好的回应与教育。作为一个希望孩子能够自控的父母，一定要从自己自控开始，当自控成为习惯，好的行为才能水到渠成。

坚持，才是通往成功的真正桥梁

宾西法尼亚大学的一位教授曾经专门研究过在成功的各种要素中，坚毅扮演着怎样的角色，起到怎样的作用。这位教授为了证明坚毅对于成功的意义，专门针对大量的高中生进行跟踪调查，并且对美国的很多知名院校进行深入观察。最终，她凭着观察的数据得出结论，那就是在成功的各种要素中，坚毅起到不可或缺的重要作用，也是成功的必备要素之一。正是因为这个伟大的发现，美国的很多人都认识到坚毅的重要作用，父母在家庭教育中更加注重培养孩子的坚毅品质，老师在学校教育中不再只是传授知识，而是更注重对孩子的提升和帮助。

也有的父母感到很困惑，即不知道如何培养孩子的坚毅品质，因为孩子的生活总是一帆风顺，很少遇到为难的事情。有的时候，孩子有一些需求要满足，父母也总是第一时间就满足孩子，很少会拖延或者拒绝孩子。正是在这样凡事顺心如意的状态下，孩子变得越来越任性，也越来越自我，一旦遇到小小

的坎坷与挫折就会放弃，根本不想努力不懈地坚持下去。

以五十步笑百步。这句话原本的意思是说，在战场上，那些逃跑了五十步的人，是没有资格嘲笑那些逃跑了一百步的人的，因为不管五十步还是一百步，都无法改变逃跑的本质。那么在成功的道路上呢？众所周知，成功的道路是漫长的，要想真正到达成功的巅峰，就必须排除万难，战胜困境，绝不气馁，始终向着艰难的巅峰去迈进。正如一位伟人所说的，世界上走过再长的道路，也要依靠着脚步去丈量。当我们迈开脚步走向人生巅峰，唯一的资本就是坚持和毅力。为此作为父母，当务之急不是要提升孩子的智商和情商，而是要培养孩子坚毅顽强的品质。有很多人失败不是因为没有开始，也不是因为能力或者水平不足，而只是因为他们在通往成功的道路上，遇到小小的打击和挫折就选择了放弃。真正的成功者不是条件得天独厚，也不是后天多么幸运，而是因为他们始终非常努力，始终特别坚持，不管遇到怎样的情况都绝不懈怠和放弃。正是因为如此，他们才能踏遍荆棘，奔向成功的目标。

在成功的道路上，有很多半途而废的人，他们才刚刚开始就被远远甩下，或者在遇到困难和障碍的时候，选择放弃。俗话说，笑到最后的人才笑得最好，在这个世界上每个人要想获得成功，都必须不遗余力勇往直前，也要坚持不懈绝不懈怠，这样才能在人生的道路上砥砺前行，去往理想的彼岸。

突破瓶颈期，才能有更好的发展

甜甜最近在学习舞蹈，先从最简单的基础动作开始练起。一开始，甜甜很喜欢练习舞蹈，为此非常兴奋，每次去上课都兴高采烈的，十分享受。看到甜甜这么热爱跳舞，爸爸妈妈都觉得很欣慰，尤其是在发现甜甜有所进步之后，爸爸妈妈更是对甜甜寄予期望。然而，才练习了几次课程，甜甜的状态就改变了。

晚上，妈妈和往常一样对甜甜说："甜甜，该练习基本功啦！"甜甜一改往日积极练习的态度，撅起嘴巴对妈妈说："妈妈，我不想练习，太累了。"这个时候，奶奶也在一旁帮腔："是啊，孩子这么小，就要这么累，做那么难的动作，会不会对发育不好？还是不要练习了！"听到奶奶的话，甜甜更加恃宠而骄，还是坚持不想练习。妈妈知道要给甜甜立规矩，因而非常一本正经对甜甜说："甜甜，必须练习基本功，这可不是你愿意就练习，不愿意就可以不练习的。"看着妈妈严肃的面孔，甜甜再次坚持练习。

如果妈妈在这个时刻不能坚持督促甜甜，鞭策甜甜继续练习，则甜甜在对学习舞蹈的新鲜劲头过去之后，就会对于学习舞蹈失去兴趣，更加没有毅力坚持下去。孩子不管学习什么，在学习的过程中都会遇到瓶颈期，而且不止一次。有的时候，作为父母的成人也会有这样的感受和体验，即在学习进行到一

定阶段时候，觉得自己不管怎么努力都没有更大的进步，心里会很颓废沮丧，忍不住想要放弃。

在艰难的时候想要放弃是人的本能，而要想百尺竿头更进一步，在这样的危急时刻里，就必须坚持不懈。否则，一旦此时选择了放弃，劲头和力气就会一泻千里，根本不可能再卯足了劲往前奔。作为父母要知道这个道理，管理和控制好自己，也有效地引导孩子度过心理疲惫的瓶颈期。

当孩子感到劳累的时候，父母要多多鼓励和认可孩子，当孩子觉得前途渺茫的时候，父母要带着孩子一起憧憬美好的未来。在父母的用心陪伴和真心鼓励下，相信孩子在成长和前进的道路上会表现越来越好，毅力也会更加顽强。

此外还需要注意的一点是，在给孩子设定目标的时候，明智的父母不会把目标设定得过于远大，否则就会导致孩子不管多么努力都无法接近目标，为此产生严重的挫败感。只有把目标定得适宜，让孩子经过努力就能实现目标，孩子才能收获成就感，也获得鼓舞。反之，目标也不能太过简单，否则孩子甚至不需要踮起脚尖就能实现目标，只会变得非常狂妄自大，也会觉得目标根本没什么了不起。坚毅不是孩子天生就具备的优秀品质，在后天成长的过程中，父母要经常对孩子进行锻炼，给孩子布置一些有难度的目标去实现，在孩子陷入困境想要放弃的时候，积极地鼓励孩子，这些都是对于孩子负责的态度，对于孩子的成长会有很大的好处。

管理好情绪，才能更强大

对于父母而言，最抓狂的是什么时候？那就是孩子哭闹不休的时候。即使再理性平和的父母，一旦遇到孩子歇斯底里地不停哭，马上就会崩溃。父母总是希望孩子始终笑眯眯的，就像是一个真正的天使那样。实际上，如果作为父母的有各种各样的情绪需要处理，又为何要求孩子必须始终笑容满面，情绪波澜不惊呢？对于每一个心智健康的孩子而言，他们有感情，因为亲身的经历不同，也会产生各种各样的情绪。

孩子对于情绪的掌控能力，是通过经历各种事情，在对自己进行调节之后才能实现的。这些情绪、经历，看起来让孩子内心汹涌澎湃，波澜起伏，实际上却能够在无形之中增强孩子的心理力量，培养和提升孩子的意志力。正如一位教育家所说的，现代社会中，孩子们最缺乏的就是承受挫折的能力。父母唯有以各种不同的方式提升孩子的抗挫折能力，孩子才会变得越来越强大。

有些父母对于孩子保护过度，就像老母鸡一样总是想把孩子呵护在翅膀下，什么事情都不让孩子独自承担，甚至不让孩子操心和烦恼。看起来，这样的父母给孩子打造了一个完美的世界，实际上却是害了孩子。孩子不可能在真空的环境中成长，他们既要适应自然界里的各种细菌，也要适应成长过程中的各种挫折磨难。孩子的高情商并非是天生，几乎每个孩子在

第 11 章　打造高情商宝宝：人气时代情商比智商更重要

面对情绪的波动时都会觉得压力很大，而他们要学会的就是应对和消化这些情绪。

父母切勿只顾着提前对孩子进行知识的传授，逼着孩子学习与自身的理解能力、记忆能力不相协调和匹配的知识。明智的父母更加关注孩子的情绪，也会借助于生活中各种各样的机会引导孩子树立和控制好情绪。当孩子可以主宰和驾驭情绪，就成为了人生的小主人，就可以对于自己的人生有更好的规划和安排，也有更强的操控感。

有人误以为高情商的基础就是处事圆滑，见风使舵，其实不然。真正的高情商建立在对情绪的强大掌控能力的基础之上。那么，具体而言，父母如何引导孩子控制情绪呢？明智的父母会牢记情绪在发生改变之前释放的讯号，从而引导孩子预先获悉情绪即将发生改变，这样孩子就可以防患于未然地缓解紧张的情绪状态，舒缓情绪。此外，父母还要引导孩子认知情绪。情绪看不见摸不着，却能主宰我们的思想和灵魂，决定我们的喜怒哀乐，为此父母引导孩子认知情绪是很重要的。

在孩子感到高兴的时候，引导孩子说出心中的感受；在孩子愤怒的时候，允许孩子以合理的方式宣泄情绪；在孩子伤心的时候，允许孩子哭泣，也要询问孩子的心理状态。其实父母体察孩子的情绪状态有一个很简便易行的方式，那就是和孩子产生共情。举例而言，孩子看到小兔子受伤了会伤心地哭泣，是因为他们想到自己受伤的时候是很疼很难受的。遗憾的是，

175

很多父母在和孩子相处的过程中，往往遗忘了这个杀手锏，而总是从成人的视角去考察和衡量孩子的心理状态、情绪状态，导致孩子在不被理解的情况下内心更加崩溃，情绪更加糟糕。从现在开始，就让我们认真体察孩子的情绪，也引导孩子深入了解和认知情绪吧！

情绪宜疏不宜堵

作为父母，一定在任何时候都不想看到孩子哭哭啼啼的样子，这意味孩子的情绪很糟糕，而我们却对孩子的情绪问题束手无策、无能为力，觉得自己既不能代替孩子受苦，也不能代替孩子逃避。在万般无奈之下，有些父母甚至会对孩子说："好啦，别哭啦！"更有些父母毫不客气训斥孩子："闭嘴！闭嘴！"孩子的心灵是稚嫩的，如何经得起父母如此粗暴的对待呢？这样喝令孩子停止哭泣或者是发泄，看起来孩子在短时间内遏制住了内心翻江倒海的情绪，而实际上只是转变为暗流涌动而已。

还记得当年大禹治水的故事吗？大禹治水，始终没有好的效果，所以三过家门而不入，表达了治水的决心。然而，只是有决心是无法治好水患的，最终大禹认识到治理水患宜疏不宜堵的道理，改堵住水患为疏通水患，对水流进行引导和分流，

第11章 打造高情商宝宝：人气时代情商比智商更重要

果然获得了成功。孩子的情绪发生得很快，而且来势汹汹，就像是非常严重的水患一样，是需要治理的。作为父母，要和大禹学习，对孩子的情绪采取疏通的方式，而不要总是试图堵塞孩子的情绪，否则一定会导致孩子的情绪非常紧张和崩溃。

情绪之洪流即使被堵住，也不会马上消失，而是会在孩子压抑的内心深处走来窜去，说不定还会给孩子憋出内伤来呢！父母不要觉得孩子一直哭泣很烦人，哭泣是一种很有效的情绪疏导方式，甚至有心理学家提出每隔一段时间就大哭一场，是有助于心理健康和情绪健康的。有些孩子还很小，对于情绪一无所知，对于情绪的疏导方式更是一头雾水。在这种情况下，作为父母可以主动引导孩子找到宣泄情绪的出口和合理的方式与渠道，如允许孩子喊叫，允许孩子哭泣，允许孩子在纸上乱涂乱画。这些方式，对于孩子及时疏导情绪都大有裨益。总而言之，情绪就像洪水，宜疏不宜堵，父母如果平日里不主张帮助孩子疏导和宣泄情绪，日积月累，孩子的情绪就会变得越来越糟糕，甚至给自己带来伤害。

除了帮助孩子宣泄情绪之外，如果孩子的糟糕情绪是由于某些具体的原因导致的，则心病还须心药医，解铃还须系铃人，父母要和孩子一起解决这些难题，这样孩子才会从担忧、紧张、恐惧等情绪状态中解脱出来，也在征服困难的过程中感受到自身的力量。有些父母会发现，孩子在特别紧张愤怒的状态下，会有一定的暴力倾向，很多父母觉得这是孩子心理不健

177

康的表现，实际上当泛滥的情绪无法控制，孩子的确希望通过行为的方式来泄愤。父母可以为孩子准备一个发泄的地方，注意要做好防护措施，避免伤害孩子，也可以为孩子准备沙袋或者压力器等，供孩子在情绪激动的时候与之博弈。这样一来，孩子可以尽快地发泄情绪，疏导内心的压抑，从而让自己恢复平静和理性。

父母要知道，教育孩子的目的不是为了操纵和掌控孩子，而是要真正地蹲下来陪着孩子一起看世界，了解孩子心中的世界是什么样子，也要合理地管理好孩子的情绪，帮助孩子处理好情绪的问题。有人说，当父母是每个人都需要花费毕生去从事的伟大事业，这句话很有道理，没有人天生就擅长做父母，只有在和孩子相处、陪伴孩子成长的过程中摸着石头过河，孩子才能更加健康快乐，在父母的呵护下茁壮成长！

第12章

培养孩子语言能力：一语一世界

对于孩子的成长而言，语言起到了至关重要的作用，孩子不管是接收外部世界的消息，学习新的知识，还是与其他人沟通与交流，表达自己，都需要借助于语言的能力。语言，不但是心与心沟通的桥梁，也是文明的传承和载体，父母只有提升孩子们的语言能力，才能让孩子们的成长事半功倍。

胎儿可以感受双语的熏陶

如今，很多父母都非常注重培养孩子的双语能力，这是因为他们意识到多掌握一门语言对于孩子的学习和成长有至关重要的作用。有的父母选择带着孩子去国外生活，当然这种方法可以为孩子创造良好的双语环境，是培养孩子双语能力的最好途径之一，不过这种方法未必适用于所有的家庭，因为要受到各种条件的限制。

对于经济能力有限也不想出国的家庭而言，要想培养孩子的双语能力，还有很多的方法可以尝试，如可以给孩子报班参加学习，可以为孩子在网络上聘请陪练的口语老师，还可以送孩子去双语学校就读。孩子们接受的语言熏陶越多，语言能力的发展就会越强，智力发育也会更强。

很多父母把孩子学习语言当成一件难度特别大的事情，为此特别重视，也总是采取各种方式陪伴和激励孩子学习。实际上，孩子不管学习哪一种语言，最好的方式就是习得。这也就是说，孩子学习双语的方式越是自然，效果也就越好。就像才几个月的孩子就会牙牙学语，有些说话早的孩子一岁就能说话是同样的道理，是因为孩子们生活在语言的环境中，耳濡目染就学会了语言。

对于普通的家庭而言，教育年幼的孩子学习双语，准备好

第12章 培养孩子语言能力：一语一世界

外语的绘本即可。父母切勿急功近利，而是要意识到激发孩子的学习兴趣是最重要的。有些父母自认为在孩子的语言培养方面非常超前，在孩子两三岁的时候就对孩子开展外语教育，其实这已经晚了。真正了解语言学习的父母，会在孩子尚且在母亲子宫里的时候，就对孩子进行双语教育。试想，既然孩子在娘胎里的时候就能以胎教的方式接受母语的熏陶，则当然能够以胎教的方式对孩子进行外语的熏陶。更有一些父母在雇佣保姆的时候，会雇佣擅长外语的保姆，这样孩子从小就在两种语言环境中成长，对于这两种语言的理解能力、接受能力和适应性都会更好。

在日常生活中，为了让孩子学以致用，父母还可以多多引导孩子以外语的方式说出各种物品的名称，所谓熟能生巧，孩子们只有熟练使用各种外语单词和句子，才能在潜移默化中学会使用外语。总而言之，孩子要想学好双语，有接受双语和运用双语的机会才是关键，作为父母，要竭尽所能为孩子创造这些条件，让孩子的双语学习事半功倍。

为孩子营造双语的环境

最近，豆豆跟随爸爸妈妈移民了。才5岁的豆豆，一开始对于外语的学习非常抵触和反感，虽然从两三岁就开始学习英

181

语，但是只能说一些简单的单词，还不能成句呢。这次，因为爸爸的工作原因，豆豆和爸爸妈妈一起移民美国，全家人都很担心豆豆在语言方面不能适应，会觉得很孤独。

事实证明，豆豆是一家三口之中，是最先适应美国的语言环境的。才上了几个月的幼儿园，豆豆的英语表达水平越来越高，已经到了可以和小朋友们无障碍沟通的程度。对于豆豆的飞速进步，妈妈既感到惊讶，又感到欣喜，此前她一直担心豆豆到了美国因为语言不同而没有朋友，现在看来完全是杞人忧天。

在国内，很多父母不惜花费重金让孩子学习英语，但是孩子的学习效果很不稳定。这让父母感到非常苦恼，也觉得孩子根本就不是学习英语的料。其实，这样的想法完全是错误的。试问：除非天生的聋哑儿童之外，有哪个孩子不会说话呢？英语是表音文字，汉语是表意文字，从本质上而言，表意文字的学习难度比表音文字的学习难度大得多，这也是为何有人说中国人学习英语比外国人学习汉语更加容易的原因。孩子学习英语没有效果，主要是因为缺乏语言环境。

如果孩子平日里只说母语，听到的也都是母语，而只有在跟着老师上课的时候才能听到外语，则孩子对于外语的学习一定进展缓慢，不会有很好的学习效果。作为父母，要想让孩子学会英语，能够流畅地以英语表达自己，与人进行沟通，也能够看懂英语的课文，则一定要为孩子营造学习英语的环境。

第 12 章 培养孩子语言能力：一语一世界

看到这里，也许有朋友会说，家里没有那么多钱，不可能带着孩子移民。的确，对于大多数家庭而言，移民都是不可能实现的。那么，在国内生活，如何给孩子们营造良好的语言环境呢？其实很简单，给孩子购买一些英语绘本，准备英语动画，还可以在每次开车带孩子出去玩的时候，在车上播放英语光碟。这些都是很不错的选择，对于孩子学好英语有着至关重要的作用。

俗话说，处处留心皆学问，把这句话套用到这里，我们会发现，只要父母有心，也愿意让孩子学好英语，就可以力所能及为孩子创造语言环境。早晨起床之后、晚上入睡之前，或者是周末在家里休息的时候，父母都可以播放英语音频，让孩子始终都能够听到纯正流畅的英语。即使孩子英语水平有限，不能把这些都听懂，也可以受到语言环境的熏陶，培养良好的语感。

对于年幼的孩子而言，学习唱英语儿歌也是不错的选择。音乐是没有国界的，当孩子爱上英语儿歌的节奏，他们就会乐此不疲地歌唱，这不但有助于帮助孩子学习英语，还有助于培养孩子的节奏感，让孩子在音乐方面也独具天赋，可谓一举两得。

孩子越小，学习语言的能力越强，作为父母一定要抓住孩子宝贵的童年时光，让孩子开展外语学习，这样才能取得事半功倍的效果。

183

幽默的故事给孩子带来笑声

最近，妈妈为琪琪选购了很多英语原版书，但是琪琪对于看这些书并没有兴趣。每当妈妈拿出书让琪琪认真阅读的时候，琪琪总是表现出为难的样子，对妈妈说："妈妈，我不喜欢看。"这让妈妈很苦恼。

有一次上兴趣班的时候，琪琪在教室里找到一本英语笑话书，居然看得津津有味，忍不住哈哈大笑。妈妈一开始不知道琪琪为什么这么快乐，当发现琪琪看的是英语书的时候，妈妈不由得很惊讶："我买了那么多英语绘本，你都不愿意看，这会儿倒是看得高兴！"兴趣班的老师对妈妈说："孩子们喜欢幽默的故事，可以多买些给孩子看。书再好，孩子不看，无法从中汲取营养。只有孩子愿意看，才能从书籍中汲取知识，学习语言。"妈妈认为老师说得很有道理，当即表示也要为琪琪购买一些有趣的外语绘本。

老师说得很对，孩子看书就和吃饭一样，即使再美味的食物，如果不能吃到肚子里，就无法从中汲取营养。同样的道理，即使再好的书，孩子也必须愿意看，才能从书中汲取知识，收获成长。

因此，父母在给孩子选购图书的时候，一定要从孩子的立场和角度出发，选购孩子爱看的图书。

孩子们学习语言需要载体，看绘本、观赏外语动画片等，

第 12 章 培养孩子语言能力：一语一世界

都是很不错的方式，对于孩子们而言，只要这些载体能够引起他们的兴趣，那么他们在学习外语的过程中就会有更好的表现。那么作为父母，在为孩子们准备各种工具学习外语的时候，一定要以孩子的兴趣为出发点，选择容易吸引孩子的载体。

很多父母都禁止孩子看动画片，其实有心的父母会发现，孩子们不但可以通过看动画片来认识母语，也可以通过看动画片来学习外语。动画片有声音有色彩还有图像，很容易吸引孩子们的注意力。

此外，在给孩子挑选绘本的时候，父母还要注意选择那些有幽默故事和生动情节的绘本。孩子们的注意力很容易分散，但是一旦形成专注力，学习能力就会大幅度增强。有趣的绘本会牢牢吸引孩子们的眼睛，让孩子们在寓教于乐中成长，也获得快速的进步。

有的时候，父母会觉得这些夸张的故事有些失真，实际上，孩子童心纯真，玩心很重，这些故事恰恰可以给孩子们带来笑声，让孩子在充满欢声笑语的氛围中快乐地学习和主动地进步。

父母切记，不要以自己的眼光去为孩子挑选图书，而是要俯下身来设身处地为孩子们着想，用孩子的眼光从孩子的角度看问题，这样才能激发孩子的求知欲，也才能让孩子对于学习外语产生浓厚的兴趣。

185

理解能力强，语言能力就不会弱

甜甜正在读幼儿园中班，已经5岁了，但是还不认识多少字。班级里，很多妈妈们都已经教会孩子认字，唯独甜甜妈妈一副气定神闲的样子。其实，最该着急的应该是甜甜妈妈，因为甜甜哥哥5岁的时候都认识一千多个字了，而且还是自学成才，通过看动画片认识的。妈妈从未给哥哥讲过故事，哥哥就已经能够独立阅读。面对甜甜在识字方面表现出来的后知后觉，妈妈认为每个孩子的成长节奏不同，所擅长的也不同。基于这样的想法，妈妈从来没有催促过甜甜认字，而是坚持给甜甜讲故事。

一天晚上，甜甜想让妈妈讲故事给她听，妈妈有些感冒，眼皮昏沉，敷衍地对甜甜说："甜甜，还是你讲给妈妈听吧，妈妈生病了，很难受。"甜甜当即开始给妈妈讲故事，她连续讲了《小兔乖乖》《狐狸和葡萄园》《白雪公主》。每个故事都讲得逻辑清楚，绘声绘色，妈妈惊讶极了。又过去一段时间，甜甜能讲的故事更多了，语言表达能力也水涨船高。

当心中积累的材料越来越多，孩子们的表达就会顺理成章。这是因为说话是一个外显表达的过程，如果心里没有东西可以说，正如巧妇难为无米之炊一样，则孩子们很难顺畅地表达，也就无法与人进行沟通。

随便走入一个有孩子的家庭里，我们很有可能看到这些

第 12 章　培养孩子语言能力：一语一世界

家庭里的墙壁上、柜子上都挂满了认字的挂图。这是因为望子成龙的父母们，恨不得在第一时间就教会孩子认识更多的字，让孩子快快成材。从心理学的角度来说，孩子的成长有自身的规律，如果家长总是采取揠苗助长的方式对待孩子，迫不及待地想把孩子拔高，而忽略了孩子成长的节奏和规律，也不重视孩子在成长方面的诸多表现，更不会根据孩子的成长情况进行实时地调整，则这样必然导致父母的教育与孩子的成长出现偏差。

对于年幼的孩子而言，父母真的没有必要一定要督促孩子认字。有些父母特别心急，整天揪着两岁多的孩子认字，结果孩子非但没有认识几个字，反而还对认字产生了反感，变得非常抵触。两岁多的孩子抽象思维能力还没有发展好，对于抽象的概念和故事无法理解，父母对于孩子进行教育的重心，应该放在如何激发孩子学习的兴趣上，引导孩子探索外部世界。当孩子的理解能力不断地增强，逻辑思维能力也得到发展，则他们的智力水平会越来越高，自然语言能力也会水涨船高。

如果说听是在不断接受信息的过程，那么说则是孩子把心中的知识、情绪和感受外放的过程。对于孩子们而言，这样的接收、消化、呈现的过程，就是学习的完整过程的体现。由此可见，孩子只是认字没用，最重要的是要具备理解能力，这样才能更加深入地理解所学习的知识，也可以对于知识有深刻的剖析，为将来与自身的经验相结合解决问题，具有至关重要

187

的作用。

作为父母，面对两三岁的孩子，切勿急着让孩子认识生字，而是可以抽出更多的时间和孩子一起读故事，当孩子能够把故事复述出来，就意味着孩子们对于故事的了解非常深入，也很透彻。学习是漫长的过程，孩子的成长更是急不得，父母在教育孩子的过程中一定要保持从容的心态，尊重孩子的成长节奏，接受孩子的成长表现，这样父母才能更好地引导孩子，帮助孩子，也给予孩子更多的时间和空间，享受爱与自由。

让宝宝也当一天妈妈

安安是个非常内向文静的女孩，很少像其他孩子一样叽叽喳喳说个不停。一开始，看到安安这么听话乖巧，妈妈很庆幸，觉得安安很好抚养和教育，但是随着安安越长越大，已经5岁了，还是不愿意说话，妈妈未免有些着急起来：如果以后上了小学也这样沉默寡言，课堂上不愿意回答问题，学习怎么会好呢？妈妈想了很多办法激发安安说话的欲望，都没有太好的效果。

一个偶然的机会，妈妈看到了有一对父母通过和孩子交换身份的方式，让孩子感受父母的辛苦，妈妈也灵机一动想道："如果让安安当一天妈妈，她就必须照顾我的吃喝拉撒，还要

第12章 培养孩子语言能力：一语一世界

和全家人协调沟通家庭生活，这是否能让她开口说话呢？"听到自己可以当妈妈，还可以享受和行使妈妈的权利，甚至能化妆，安安感到非常兴奋，当即答应了妈妈的请求。在一天的时间里，安安说话的数量相当于过去一周那么多，妈妈忍不住要逗安安。

妈妈："妈妈，我肚子饿了，要吃饭！"

安安："怎么又饿了，不是才吃过饭一会儿吗？"

妈妈："妈妈，我真的很饿。"

安安："现在距离吃晚饭还有一段时间，你可以吃个面包喝个酸奶吗？"

妈妈："不行，我要吃饭……"

一天下来，安安说了很多话，大呼"当妈妈不好玩，一点儿都不好玩"。

采取和孩子互换角色的方式，让孩子说更多的话，对于孩子而言这是一个非常新奇的方式，一定会引起他们的关注和兴趣。在使用这个方法的过程中，父母切勿当一个"乖宝宝"，而是要以更加生动灵活的方式，激发孩子表达的欲望，让孩子有更多的机会进行表达。

只要角色游戏生动，孩子就会愿意进行这个游戏，作为父母，切勿觉得孩子会放纵，就剥夺了孩子进行这项游戏的权利。做角色互换游戏，不但能够让孩子换个角度体谅作为父母的辛苦，还可以培养孩子的语言表达能力，又可以增进亲子之

189

间的了解和互动，可谓一举数得。

当父母给孩子机会当一天妈妈，孩子一定会有特别的表现让父母感到惊喜。最重要的在于，作为亲子游戏的主导者，父母要主动想到这样的好方法，也要积极地配合孩子进行角色互换游戏。只有把很多事情都做到位，对于孩子的成长才会起到积极的推进作用。

利用生活场景激发孩子的语言能力

小可才3岁，但是很少说话。在原本应该天真浪漫的年纪里，小可为何会表现出和实际年龄不相符的深沉呢？究其原因，小可从小是由奶奶带养大的，奶奶每天都沉迷于打麻将，就让小可在一边等着，或者自顾自地玩耍，导致小可和人沟通的机会很少，语言能力的发展也就越来越慢。当发现小可在语言表达方面的欠缺时，妈妈很心急，也专门针对小可的情况咨询了专家。

专家建议妈妈："孩子的成长过程是不可逆转的，切勿为了所谓的工作、赚钱耽误孩子的一生。你必须抽出更多的时间陪伴孩子，利用生活中的各种场景激发孩子表达的欲望，提升孩子表达的能力，这样孩子才能从笨嘴拙舌到口吐莲花。"妈妈当然知道，这期间要付出长久的努力，才能有效地改善小

第12章 培养孩子语言能力：一语一世界

可的语言能力，她不放弃，专门换了一份清闲的工作，每天傍晚都早早回到家里陪伴小可。在广场里，妈妈对小可说："小可，这是哥哥，快叫哥哥。""这是阿姨，快叫阿姨。""这个花是什么颜色的？""你喜欢和小朋友一起玩吗？"……一开始，小可回答妈妈提问很艰难，随着妈妈锲而不舍的努力，小可的表达能力越来越强，变得像小八哥一样爱说、能说、会说。

成长环境会影响孩子的语言能力发展和心理状态、情绪状态等。为了更好地帮助小可，妈妈给了小可很多的关爱，也愿意始终陪伴在小可身边，发现这个世界的真善美，更加用心和认真地观察这个世界。当孩子的心灵充实，他们对于这个世界就会有更加深入的观察和敏感的体验，他们也就愿意与世界和谐相处。

年幼的孩子在学习的过程中，很难对于学习始终保持积极主动的姿态，也不曾掌握更加高效率的学习方法。尤其是对于三四岁的幼儿来说，他们原本就容易分散注意力，学习能力也不强，因此学习的效果令人堪忧。作为父母，强制要求年幼的孩子一定要主动积极地学习，保证学习的效果，显然是不可行的。父母要更加了解孩子的学习能力和身心发展特点，再结合孩子自身的具体情况，以及所要学习的内容有怎样的识别、理解和记忆特点，才能有效地对孩子展开教育，也保证孩子学习的效果。

191

跟幼儿园教师学早教

幼儿的学习特点和其他年龄阶段的孩子学习的特点截然不同。幼儿的注意力很难长时间保持集中，而是非常容易分散。也许此时此刻他们还在专注于阅读一本绘本，下一刻只要有了吸引他们的东西，他们的注意力马上就会转移，去做自己更感兴趣的事情。这就决定了，父母要想对幼儿进行持久的教育根本不可能，只有寓教于乐，才能抓住好机会引导孩子乐于表达，擅长表达，从而激发孩子的语言能力，使得对孩子的教育事半功倍。

寓教于乐，让认知的效率更高

为了方便接送小宝，小宝妈特意在学校里担任会计的职务，这样就可以每天带着小宝一起去幼儿园，放学之后，再和小宝一起回家。上学和放学的路上，开车需要三十分钟的时间，为了珍惜宝贵的时间，小宝妈特意准备了识字卡给小宝看，要求小宝每天路上都要记得十个字。然而，让小宝妈妈郁闷的是，不管她多么努力督促小宝认真识字，小宝都不能把每天的十个字全都记住，顶多能记住三四个字，有的时候只能记住一两个字。对于小宝的愚钝，小宝妈很生气，也很焦急。

后来，听说乐乐小小年纪居然已经认识一两千个字，而且再也不用爸爸妈妈讲故事，自己就能捧着故事书开始读，小

第 12 章 培养孩子语言能力：一语一世界

宝妈赶紧找乐乐妈取经。乐乐妈对小宝妈说："我没有专门教过乐乐认字，都是他自己看动画片和看书的时候认识的。可能是因为他喜欢看书看动画片，所以在干这两件事的时候心情愉悦吧。"小宝妈陷入沉思："我这么努力教小宝认字，小宝都不认识，怎么乐乐就随便看看动画片和书，就能认识这么多字呢？"除了孩子天赋的不同之外，很有可能乐乐原本就喜欢认字，而小宝呢，则对于认字没兴趣，也对于妈妈教他认字的方式很反感。

正如人们常说的，兴趣是最好的老师。作为父母，要想引导孩子主动地识字读书，就要激发孩子的兴趣。当孩子有兴趣，即使面对困难也能排除万难，反之，如果孩子对于学习不感兴趣，则哪怕父母需要付出更多，也依然无法保证孩子一定能学会，一定有进步。

很多父母都要求孩子认字，其实每个孩子认字的早晚各有不同，有少数孩子三四岁就能认识字，也有一些孩子要到六七岁才能认识字。孩子的发展是漫长的过程，早几个月或者晚几个月认识字，对于孩子的成长和发展并没有太大的影响。作为父母，在培养孩子认知能力的时候，不要一味地强求孩子认字，而是要采取顺其自然的态度，允许孩子按照自身的成长规律和生命节奏去发展各个方面的能力，而不要对孩子急功近利，否则就会打破孩子成长的节奏，导致孩子在成长过程中迷失和彷徨。

193

要想提高孩子识字能力，父母就要做到寓教于乐，以快乐的方式激发孩子对于读书识字的兴趣，也始终激励孩子努力地进取，坚持成长和进步。

第 13 章
培养孩子情感控制能力：理解孩子的哭闹，为孩子建立安全感

没有安全感的孩子很容易陷入情绪崩溃的状态哭闹不休，对于孩子而言，这是因为他们缺乏情绪控制能力，也因为缺乏安全感而紧张焦虑的表现。当面对不停哭闹的孩子，明智的父母不会训斥孩子停止哭闹，而会意识到这是孩子发泄情绪的出口，也会给予孩子更多的关注和照顾，让孩子尽快平复情绪，帮助孩子建立安全感。

孩子性格倔强怎么办

周末，妈妈带着豆豆去超市里采购，准备买一些日常用品。豆豆在路过玩具摊的时候，看中了一款轨道车玩具，央求妈妈给他买。妈妈一看，这个轨道车玩具标价300多，这可是大大超出了妈妈的预算，妈妈当即拒绝了豆豆的请求。

豆豆歇斯底里地哭起来，不愿意离开玩具。妈妈先是好言相劝，告诉豆豆这款玩具车实在太贵了，还允许豆豆站在样品前玩耍一会儿。但是，豆豆丝毫不为妈妈的话所动，继续歇斯底里地哭着，死活缠着妈妈给他买。为了逼着妈妈就范，豆豆索性坐在地上哭起来，还不时地打滚撒泼。看到有人围观，妈妈觉得丢脸极了，只好把玩具车买下来，原本的购物计划也因此而搁置。

如果妈妈不买玩具车，就没有办法让豆豆停止哭泣，面对眼前这个任性、肆意的豆豆，妈妈感到很头疼，也不知道怎样说服豆豆放弃购买的欲望。其实，很多孩子都性格倔强，这是因为他们从小习惯了被父母满足一切的愿望，渐渐地形成了以自我为中心、唯我独尊的坏习惯。在孩子小时候，父母往往对于孩子的这个缺点没有太多的反感，也不认为这是多么不好的，但是随着孩子渐渐长大，总是表现得任性且肆意妄为，就会与父母之间发生矛盾和冲突，也会在成长过程中面临很多的

第 13 章　培养孩子情感控制能力：理解孩子的哭闹，为孩子建立安全感

困境。

　　孩子小时候生活的地点主要是在家里，打交道的人群也主要是家人，他们哪怕任性也不会造成严重的后果。然而，有朝一日孩子终究要长大，要走出家门，走入集体生活，走上社会。在家以外的地方，可没有人会像爸爸妈妈一样宠爱和疼溺孩子，对于孩子言听计从。在这种情况下，如果孩子还是很任性，则要吃大苦头。

　　在这个世界上，没有谁能够随心所欲，也没有谁能够让自己所有的欲望都得到满足。孩子更是如此，父母切勿在孩子小时候让他形成错觉，使得他觉得自己的一切要求都会被满足，否则对于孩子的成长是极为不利的。面对孩子形成的任性、倔强等性格特点，父母一定要反思教育的问题，从而做好孩子的榜样，给予孩子更多的引导和帮助。

　　当孩子犯了倔脾气，父母不要总是对孩子声色俱厉，而是要耐心引导孩子，对孩子讲道理。否则父母对孩子非常严厉，则只会导致孩子模仿父母的样子，脾气更加暴躁。父母是孩子最好的榜样，也是孩子的第一任老师，父母的言行举止对于孩子的影响是非常大的，为此父母一定要谨言慎行，切勿在孩子的倔强脾气发作时火上浇油。只有耐心地引导孩子，给予孩子切实有效的指导，孩子才能与父母之间形成良好的亲子关系和顺畅的亲子沟通，保证亲子教育的效果更加显著。

197

孩子之间互不相让怎么办

甜甜很喜欢和哥哥抢东西，不管哥哥拿着什么，甜甜都想要得到，当哥哥不给的时候，甜甜还会争夺。甜甜这个小霸王每次和哥哥在一起玩没多久，就会爆发矛盾和争吵，甚至还会打起来，弄得妈妈不堪其扰。为了息事宁人，妈妈总是要求哥哥谦让甜甜，把玩具让给甜甜玩，没想到小小年纪的甜甜察言观色，意识到妈妈总是会满足她的愿望，为此每次抢夺不过哥哥的时候，就会故意大声哭喊吸引妈妈的注意。

有一天，哥哥拿出一个量角器准备完成作业，甜甜想要，哥哥不给，甜甜歇斯底里大哭起来。正当妈妈又准备让哥哥妥协的时候，爸爸看出端倪，用眼神禁止了妈妈，并且板起面孔对甜甜说："甜甜，这是哥哥写作业要用的，你不能玩。如果你听话不哭，可以和哥哥商量在完成作业后给你玩一会儿，必须得到哥哥同意，知道吗？"总是受委屈的哥哥听到爸爸这句伸张正义的话，感动得热泪盈眶。在爸爸的坚持下，甜甜请求哥哥完成作业再把量角器给她玩，哥哥同意了。

如果妈妈继续要求哥哥让步，让哥哥耽误写作业也要把量角器给甜甜玩，则甜甜一定会变本加厉，一次又一次从哥哥手中夺取东西。这非但不利于建立良好的兄妹关系，对于兄妹感情的维护也是很不利的，更不利于甜甜改掉任性的坏习惯。

没有谁总是能够如愿以偿，父母在孩子年幼的时候，也许可以为孩子提供更好的成长条件，但是等到孩子渐渐长大，想要的东西越来越多，父母是无法满足孩子的。作为父母，切勿纵容孩子贪婪的心，也不要无视规则的建立，既要让孩子知道有些东西不是想要就能得到的，也要让孩子知道当很多人都想玩一个东西的时候，就只能按照顺序轮流玩，否则只顾着争抢，谁也玩不成某个玩具。

越是同龄的孩子，越是容易出现相互争夺的情况。尤其是两岁前后的孩子，正在形成自我意识，把自己和外部的世界区别开来，为此他们的占有欲很强。这个阶段的孩子还没有形成物权概念，对于喜欢的东西总是不由分说想要占为己有。在这个阶段，父母要引导孩子意识到哪些东西是自己的，哪些东西是别人的，这样孩子才能渐渐地形成物权概念，也不再是凭着喜好就要抢夺别人的东西。当然，小朋友们在一起玩耍是很快乐的，为了维持良好的秩序，还可以为小朋友们制订游戏的规则和玩耍的次序，这样一来，他们渐渐地就可以遵守秩序，做到按照顺序去玩，其乐融融，友好和睦。

如何引导孩子消除嫉妒情绪

最近，悠悠发现幼儿园里的小伙伴黄桃有一个娃娃，这个娃娃穿着一件非常漂亮的裙子，就像是仙女一样。悠悠很羡慕黄桃，几次三番请求黄桃把娃娃给她玩一会儿，但是黄桃抱着娃娃无论如何也不愿意撒手，甚至连摸一摸都不可以。中午睡觉，和黄桃床靠着床的悠悠，看到黄桃睡着了，悄悄把娃娃拿过来放到自己的被窝里藏起来。黄桃睡醒午觉发现娃娃不见了，非常伤心，着急地哭起来。

老师当即在教室里找，又问每个小朋友是否看到了黄桃的娃娃，小朋友们都回答没有，唯独悠悠眼神躲闪着，很担心地捂着自己的被子。看到悠悠的样子，老师对于事情的真相就有了几分猜测，不过老师担心吓倒悠悠，因而和颜悦色问悠悠："悠悠，你有没有看到娃娃？"悠悠一声不吭，摇摇头，老师又说："你的床和黄桃的床靠在一起，我想也许是娃娃趁着你们睡着的时候散步到你的床上了。把被窝给老师看看好吗？"悠悠害怕得哇啦一声哭起来，老师掀开被窝放松地说："哎呀，这个娃娃真的在散步啊，居然在你的床上。悠悠，娃娃很喜欢你，对不对？老师和黄桃商量下，把娃娃给你抱一会儿，好不好？"悠悠一边哭一边点点头。

因为嫉妒黄桃有娃娃，悠悠把娃娃偷偷放在自己的被窝里，搂着娃娃睡了一觉。作为老师，当然知道悠悠的心思，也很注意方式方法教育和引导悠悠。相信当老师说服黄桃把娃娃给悠悠抱着玩耍一会儿，悠悠心中嫉妒的情绪就会极大缓解和消除。

所谓嫉妒，其实就是羡慕别人有的，遗憾自己没有。不要

第13章 培养孩子情感控制能力：理解孩子的哭闹，为孩子建立安全感

以为只有成人才会产生嫉妒，对于孩子而言，嫉妒的情绪也往往像心中的小火苗，总是跳跃着。孩子在嫉妒他人的时候会有很多的表现，这是因为孩子还小，对于情绪的掌控能力很弱，为此常常会情绪失控。他们或者抢夺小朋友的东西，或者把小朋友的东西偷偷扔掉，或者和成人一样晒一晒自己有的东西，引起其他小朋友的羡慕，又或者会看似无缘无故地发脾气，和其他小朋友爆发矛盾和争吵。

父母是最了解和熟悉孩子的人，当然知道孩子一旦产生嫉妒情绪，就会做出怎样的表现，从而也可以合理把握孩子的情绪指向，对于孩子起到更好的引导和帮助作用。有人说，嫉妒就像是心中的毒瘤，那么对于孩子的嫉妒情绪，父母又要如何消除呢？

首先，作为父母要认识到孩子也会嫉妒，而不要觉得孩子年纪小，就什么都不懂。越是对于年幼的孩子而言，他们越是想要得到自己喜欢的东西，在看到别人拥有的时候，他们的心中也会泛起涟漪。其次，看到孩子嫉妒，父母不要给孩子贴标签，而是要耐心地告诉孩子这个世界上有很多东西，一个人不可能什么都拥有。最后，父母可以说一些孩子拥有的漂亮衣服、玩具等，告诉孩子别人并没有这些东西，让孩子产生一定的优越感，从而抵消嫉妒的负面作用。这样三管齐下，相信孩子的嫉妒情绪会很快消除，孩子也会更加愿意和小朋友们友好相处。

孩子，你到底在害怕什么

最近，妈妈发现每当到了晚上，琪琪就很害怕。从四岁开始就已经独立睡一个房间的琪琪，频繁地要求和妈妈一起睡，妈妈很想知道琪琪在害怕什么，为什么不能自己独立睡觉。有一天晚上，妈妈和琪琪一起躺在被窝里，问琪琪："你害怕什么呢？"琪琪说："我很害怕怪物。"说着，琪琪还惊恐地指着暗处，似乎怪物正隐藏在暗处看着她一样。这个时候，妈妈打开灯，对琪琪说："琪琪，你看，在黑暗中，一切都和白天一样，并没有怪物出现。"

琪琪奶声奶气问妈妈："那么，有大灰狼吗？我有一天做梦，梦见大灰狼把我一口吞掉了，我很着急，想喊也喊不出来。"妈妈当然知道这样的感受对于才5岁的琪琪的确很糟糕，也很可怕。妈妈安抚琪琪："你是因为在睡觉之前听到了大灰狼的故事，才会认为有大灰狼存在的。"琪琪问："如果我听到白雪公主的故事，会梦到白雪公主吗？"妈妈点点头："当然，你还会看到七个小矮人呢。不过不是听完故事一定会梦到，也许能梦到，也许梦不到，睡醒了天就亮了。"在妈妈耐心的解释下，琪琪心中的恐惧得到缓解，她安心地睡了一个好觉。

很多孩子都怕黑，也会怕其他的各种东西，作为父母，看到孩子害怕的东西根本就是小儿科，为此会觉得不以为然，也

第13章 培养孩子情感控制能力：理解孩子的哭闹，为孩子建立安全感

会觉得压根没什么好害怕的。实际上，这是因为父母不了解孩子的想法，也不知道孩子的内心世界是怎样的，因此才会对孩子的恐惧不放在心上。

心理学上，有人说恐惧是上古情绪，是深刻印记在人的记忆之中的。的确如此，很小的婴儿就会表现出惊恐的样子，就是恐惧的情绪在敲响他们的心门。面对孩子害怕的一切，父母不要从成人的角度去衡量和判断，而是要想到孩子很小，认知的事物很有限，认知的能力也不够强。当父母站在孩子的角度去看待很多问题，也怀着童心体验孩子的情绪和感受，就更能够理解孩子的害怕和恐惧，也会有效地帮助孩子缓解和消除不良情绪。

孩子害怕的事物很多，对于不认识的陌生事物，对于凭着自身经验不能理解的事物，他们都会非常害怕，也会导致内心充满紧张和焦虑的情绪。父母要想帮助孩子战胜恐惧，就要引导孩子去认知更多的事物，帮助孩子探索真相的秘密。当孩子切实知道自己面对的一切是什么，他们的恐惧自然会烟消云散。还有一些四五岁的孩子，他们恐惧来自于他们分不清楚想象和现实，他们总是会把想象出来的一切当成真的，变得忧心忡忡。有的时候，他们还会产生莫名其妙的担忧，觉得一定会有糟糕的事情发生。在这种情况下，父母要引导孩子区分想象和现实，也帮助孩子更好地接受生活中发生的一切，包括自身产生的各种情绪等。

203

跟幼儿园教师学早教

当然，一味地说教是不管用的，如果孩子怕黑，不妨为孩子点亮一盏小夜灯；如果孩子害怕怪物，不妨让孩子看到黑暗的夜里并没有怪物出现；如果孩子害怕未知的事物，就想方设法让孩子了解这些事物。对于孩子而言，出现害怕的情绪很正常，当父母能够接纳和理解他们的情绪，他们一定会觉得好受多了。

认可孩子的积极行为，助力孩子养成习惯

好习惯的养成需要漫长的时间，这一点在琪琪早睡早起的问题上得到了充分验证。琪琪小时候，爸爸经常加班，或者下班很晚，为此琪琪也养成了晚睡晚起的坏习惯，总是要等到爸爸回到家里和爸爸玩一会儿，才能入睡。3岁之前，琪琪长得很瘦弱，这与她每天晚上熬夜也有很大的关系。

3岁之后，琪琪上了幼儿园，老师要求早晨八点之前必须到校，对于晚上十一点多才睡觉的琪琪而言这根本不可能做到，要知道在入园之前琪琪都是睡到上午十点多才起床的。为了帮助琪琪纠正坏习惯，妈妈每到晚上就提醒琪琪不要再玩了，要早点睡觉，琪琪却总是无动于衷。无奈之下，妈妈只好关灯，也让爸爸按时回家，全家人都睡觉。就这样，琪琪也总是不安分地折腾着，久久才能睡着。一天晚上，琪琪因为中午没有午

204

第13章　培养孩子情感控制能力：理解孩子的哭闹，为孩子建立安全感

休，早早睡觉，次日才六点半就自然醒了。妈妈赶紧表扬琪琪："琪琪可真棒，没等着妈妈喊，自己就起床了！"到了学校，老师也表扬琪琪，还给琪琪发了小贴画。琪琪高兴极了，一放学就告诉妈妈："妈妈，我今天还要早睡早起！"果然，当天晚上，琪琪早早地洗漱睡觉，又早早地起床第一个到学校。在循环往复的表扬之中，琪琪爱上了早睡早起，养成了良好的作息习惯。

孩子很难理解晚睡熬夜的恶劣后果，因为那些后果并没有发生。但是对于早睡早起的好处，他们却是听得到看得见的，父母的表扬、老师奖励的小贴画，这些都在激励琪琪继续养成良好的作息习惯。

说起孩子的坏习惯和不好的行为，很多父母的第一反应就是要严厉制止孩子，绝不给孩子任何机会放纵。这些父母在看到孩子做出不当举动的时候，第一时间就会严厉呵斥和禁止孩子，声色俱厉，丝毫没有考虑到孩子的情绪和感受。殊不知，对于年幼的孩子而言，他们很多时候压根听不懂否定的意思，而只会对于肯定的意思印象深刻。举个简单的例子来说，父母们总是告诫孩子"不要抠鼻孔"，听起来，这句话是义正言辞的禁止，而到了孩子耳朵里，这句话的意思就变成了"抠鼻孔"，所以孩子抠鼻孔的行为会越来越严重。

了解了孩子这个特点，父母们当即要做的就是改变表达方式，从告诫孩子"不要抠鼻孔"，到提醒孩子"把手拿开"，

205

效果也会增强。父母们惊喜地发现，此前总是有意无意抠鼻孔的孩子，现在可以做到把手从鼻子上拿开，而且很长时间都不会继续放到鼻孔里去。

从心理学的角度而言，"不要抠鼻孔"是在否定孩子的行为，一则孩子会自动过滤掉"不要"二字，二则孩子很有可能因为被禁止而对抠鼻孔产生好奇，因而更加强化抠鼻孔行为。而"把手拿开"则是肯定的行为，如果父母在此过程中还能认可和鼓励孩子，则效果将会更好，诸如"你很棒，这么快就把手拿开了"。人人都有趋利避害的本能，孩子也愿意接受父母的认可和肯定，而不愿意被父母批评和否定，所以父母在教育孩子的时候要迎合孩子的心理特点，这样才能更有效地引导和教育孩子。

如今提倡赏识教育，这就要求父母要更加注重认可孩子表现出色的一面，而不要总是揪着孩子的错误再三强调。尤其是有些父母在孩子犯错之后会严厉惩罚甚至体罚孩子，结果非但没有帮助孩子改正错误和缺点，反而使得孩子的坏习惯变本加厉。

当然，在奖励和认可孩子的过程中，父母不要只是干巴巴地表扬孩子几句，在家庭生活中，也可以采取奖励的方式，给予孩子小红花，或者给予孩子积分，这样一来，孩子受到鼓励，会更加充满动力地好好表现。切记，好孩子都是夸出来的，绝不是打骂出来的。不打不成才的观念完全是错误的，打

第13章 培养孩子情感控制能力：理解孩子的哭闹，为孩子建立安全感

骂太多只会教育出逆子，而无法让孩子们变得更优秀。

环境变得简单，冲突随之减少

在不止有一个孩子的家庭里，冲突时常发生。冲突产生的原因多种多样，有可能是为了争抢玩具导致的，也有可能是因为一言不合就大打出手，当然，还有可能在复杂的环境中，孩子们的情绪更加冲动且易变。

尤其是在如今的家庭里，很多孩子都有各种各样的玩具，男孩和女孩的玩具各不相同，每个年龄段的玩具也是不一样的。玩具越是眼花缭乱，孩子们越是争抢得厉害，这让父母们百思不得其解：不是应该在有了自己的玩具之后，不再抢夺别人的玩具吗？可惜，在孩子们的心中，饭是别人家的香，玩具是别人的好玩，所以他们每当拿出自己的玩具开始玩，就忍不住要抢夺别人的玩具，这简直陷入了恶性循环之中。

曾经有调查机构经过统计发现，在很多家庭里，孩子们少则有几十件玩具，多则有上百件玩具，这是因为父母们本身就很贪心，不但竭尽所能为孩子提供最多最好的玩具，而且每当看到别人家孩子有的玩具，而自家孩子却没有的时候，他们就会马上为孩子买来，让孩子也能拥有。而当孩子为了争夺玩具而陷入矛盾和争执中时，父母们又会把孩子的玩具收起来作为

207

跟幼儿园教师学早教

惩罚，不允许孩子们玩。

这么做的父母显然不知道导致孩子们发生争执和冲突的根本原因，那就是他们有太多的玩具，面对太多的选择，因而显得总是漫不经心，非常随意。与此同时，孩子们也会在无形中承受巨大的压力，导致内心变得焦虑不安。几十年前的孩子们有一个简单的手工制作的玩具就能玩得不亦乐乎，而且还能与小伙伴们轮流玩耍，一起享受不同快乐，如今的孩子们更加自私，考虑问题只从自身的角度出发，而很少顾及他人的情绪、感受和体验。不得不说，这是非常糟糕的行为，会导致孩子们失去快乐和自由，而被无形的东西禁锢住。

对于已经有很多玩具的家庭而言，父母们当然不可能马上把大多数玩具都丢掉，那么可以为孩子制定规则，让孩子每次只能拿出不超过三件玩具，或者索性要求孩子每次只能玩一件玩具，而把其他玩具都收起来，放到储物间里。这样一来，孩子们玩玩具会更加用心专注。有些父母担心这样突然地剥夺孩子们玩玩具的权利，会导致孩子们哭闹不止。其实，如果真的这么做，父母就会发现孩子们的情绪并不像我们担心的那么糟糕，反而他们就像自始至终只拥有一件玩具那样，玩得很专注，也很开心。这种方法不但适用于一个孩子，即使有两三个孩子也可以使用，父母会惊喜地发现原本为了玩具打闹的孩子们，现在很和谐地一起玩玩具，他们的快乐变得更加简单纯粹。

第13章 培养孩子情感控制能力：理解孩子的哭闹，为孩子建立安全感

同样的道理，孩子们如果拥有太多的书，也会感到很焦虑，他们不知道该看哪一本书，又常常这山望着那山高，结果导致看书的时候三心二意，根本不能做到专心致志。父母要想让孩子更加专注地投入于书本之中，同样可以减少书籍的数量，这样孩子才能更加专注于眼前的书，也会在看完一本书又得到一本书的时候，发自内心地喜悦和感恩。

除了玩具和书籍，对于孩子生活中的很多东西都需要减少数量。例如，每次只给孩子有限种类的食物，控制孩子衣服的数量，控制孩子做游戏的种类。当这些东西数量有限，品种有限，孩子们就会发挥自身的创意，让有限的东西在不同的创意组合下变得更有趣，更丰富和充实，也让童年的生活变得更加精彩。

孩子总是哭着求抱抱怎么办

才3岁的乐乐就能够察言观色，也学会了区分不同的照顾者。例如，和爸爸、妈妈一起走路的时候，他很少要求爸爸妈妈抱着他，而是一直跟着爸爸妈妈走着，丝毫没有怨言。但是在和奶奶一起走的时候，胖乎乎的乐乐总是双臂张开拦在奶奶的前面，让奶奶抱抱他，如果奶奶拒绝，乐乐就会开始哭泣，直到奶奶抱起他为止。虽然奶奶腰腿不好，但是奶奶很心疼乐乐，只要乐乐提出要求抱抱，奶奶总是会答应，不等到乐乐哭得太久，就赶紧把乐乐抱起来。爸爸妈妈常常提醒奶奶："乐乐这个家伙就是看您好说话，才总是让您抱着的。"

后来，奶奶患上骶髂关节炎，腰部不能吃力，无法再抱乐乐。每当乐乐哭着要抱的时候，奶奶就会告诉乐乐："走到前面的电线杆子那里，奶奶抱你，再到下一根电线杆子，你就自己下来走，好不好？"这样循序渐进地帮助乐乐，再告诉乐乐奶奶的腰生病了，乐乐逐渐习惯了跟着奶奶一起走。

很多孩子都喜欢被抱抱，其实在孩子年幼的时候，身强体壮的父母多多抱抱孩子，对于帮助孩子建立安全感是很有好处的。等到孩子渐渐长大，体能越来越强，体重越来越重，爸爸妈妈实在抱不动孩子的时候，就可以引导孩子独立行走。

需要注意的是，在孩子哭着求抱抱的时候，也许他们真的累了，也许他们只是想和父母亲近，不管出于哪种原因，父母都不要直截了当地拒绝孩子，而是要掌握方式方法，尽量给孩子一个缓冲的时间，这样孩子们才能习惯独立行走，也感受到自由的快乐和魅力。

当然，随着孩子越长越大，对于出行的一些事情是可以给孩子定规定的。如在日本，全家出游的时候，不管多么小的孩子都需要自己背着背包，背包里装着他们的私人物品。有的孩子年幼，背包比较小，或者背包很沉重，也会和大孩子一起相互帮助。这不但有利于培养孩子们的独立性，也有助于帮助孩

第13章　培养孩子情感控制能力：理解孩子的哭闹，为孩子建立安全感

子们学会团结合作，战胜困难。

在中国，很多父母总是对孩子言听计从，无限度满足孩子的要求，却没有意识到这么做会在不知不觉间养成孩子的依赖性，非但导致孩子在特定的年龄阶段没有及时发展特定的能力，也会导致孩子们已经形成的能力发生退步。明智的父母知道，只有"懒惰"的父母才能培养出勤奋独立的孩子，而当父母对孩子全盘包办的时候，孩子只会对父母更加依赖，最终根本不可能形成独立生存的能力。

父母是孩子成长的领路人，对于孩子的成长起到至关重要的作用。该给孩子安全感的时候，父母要竭尽所能给予孩子安全感；该引导孩子独立成长和快速进步的时候，父母就要学会对孩子放手。父母不可能抱着孩子一辈子，古人云，授人以鱼不如授人以渔，明智的父母知道培养孩子独立行走的能力，让孩子迈出脚步自由地探索这个世界，才是最重要的。

参考文献

[1]大J.跟美国幼儿园老师学早教[M].北京：中国妇女出版社，
2017.

[2]李国芳，仲丽娟.玩比学更重要[M].北京：北京大学出版社，
2015.

[3]大J.跟儿童早教专家学儿童潜能开发[M].北京：中国妇女出版
社，2018.